樂在學習

打造**5000**名台大生的

無敵學習法

吳迪—著

前言——

讀書，是人生的投資

　　我常在課堂上告訴同學：「數學往往是一題多解，解出答案的方式有很多種，就像我們在解決人生問題一樣。」想要成就一件事情，每個人的方式不同，但只要有心，都可以達成目標。而透過讀書等於投資自己與規劃自己的人生。

　　其實，早在一百年前，國父孫中山先生就對「知」與「性格」有了一番見解。他將人分成三種，「先知先覺者」、「後知後覺者」與「不知不覺者」，分別適合做「思考發起者」、「宣傳散佈者」與「跟隨實行者」。

　　能當「先知先覺者」的本來就屬於少數人，但是靠著知識的累積，可以努力開發自己的智慧，朝向「先知先覺者」的方向前進。在這過程當中，磨練的是心性與解決問題、成就事業的態度。

　　本書匯集歷年來許多學生面臨到的各類讀書問題，包羅萬象，是古往今來所有讀書者都會面臨的困境，也是其他書籍未曾提及的。我依據教育心理與人格分析，縱橫中西的理論，協助他們使用適合自己的讀書方式，因材施教、方法創新，才可使原本讀書的逆境轉化為高分的成就。書中除了創新與眾不同的讀書理論，更提及因此成功的案例，這些「有志者事竟成」的傳奇只是一部分，教學十八年來，陪伴的學生至少造就了七千個逆轉勝的傳奇故事。

　　如果今天榜首的傳奇，是一路以來無風無雨，平步青雲地升學，考出好成績，那學習方法並不特別，也不是傳奇故事，是理所當然。如果書中這些榜首，曾經跟現在的你一樣，在黑暗中摸索、在無助中求學，這是第一本教你如何能化悲憤為力量，將危機變轉機的書籍，讓你最後登上至高無上的榮耀！希望藉由本書的分享，可以提供莘莘學子在茫茫書海中，找到啟發，學到方法，進而得到成就。

與你共享，我是吳迪，希望伴你無敵

CONTENTS

第一章

讀書技巧
大觀園

讀書類型自我檢測

提高理解力與執行力，扭轉弱勢變優勢！

1

A 生說：「為什麼我這次段考比上次認真很多，成績反而退步了……」

B 生說：「我明明上課筆記都抄得密密麻麻的，可是成績還是不見起色……」

C 生說：「老師上課說的內容我都聽得懂，可是一到考試就忘光了！」

D 生說：「我一定是比較笨，所以成績才不好啦！」

聽到這些問題時，我直覺他們應該是不清楚自己屬於哪種讀書類型，也不明白自己的天賦差異。在我教導這麼多學生後發現，應該先讓你明白智力演化、天賦差異、讀書與財富的關聯，再對症下藥。

有人天生理科或文科就是比較強？

現代人類的大腦大約重量一公斤左右，相較於原始人類的腦容量，少了約一顆棒球的大小，但現代人卻比原始人聰明，這代表思維的速度快，就是勝負關鍵。

另外，英國心理學家約翰・曼寧所著的《手指書》裡指出，食指長度除以無名指長度的比值，男性平均值為 0.98，女性平均值為 1。食指與無名指的發育長度，與胎兒在子宮內發育所受到的雌性素與雄性素相對濃度影響，且與大腦認知的內在能力有關。

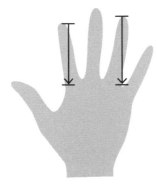

● 雄性素的刺激助於大腦的空間與數學能力，使無名指較長，理科表現較強。
● 雌性素的刺激助於大腦的語言能力，使食指較長，文科表現較強。

影響兩指長度的差異主要是在於三歲前的先天發展，但是後天的努力卻可改變先天影響，甚至扭轉能力的發展走向。

　　我們智商快速變化的時期正好就是國中到高中求學的期間，所以這段時間讀書的收穫，將決定我們日後智力發展的廣度與深度，高中是我們人生的「黃金累積期」。

| 3 歲 基礎智力 成形期 | 15-18 歲 IQ 快速變化期 | 30 歲後 智力衰退期 每年衰退 0.5% |

智力商數（IQ）與經濟活絡程度的關係

　　根據英國教授理查 ‧ 林恩發表的「全球智商地圖」研究，世界各地平均智商（IQ）的調查結果如下：

| 東亞 （台.日.韓） 105 | 歐美 99 | 愛斯基摩 91 | 非洲 45 |

　　由智商排行，可以明確了解東亞重視教育而培養高智商，而高智商促使東亞是目前重要的世界經濟主體。

　　另外，在經濟活絡的區域由於資訊傳播快速與投入教育的資源豐富，與智商高低呈現正相關（如下圖），代表財富多寡與教育及認知程度有關，擁有的財富越高，相對教育及認知程度較高。台灣位在東亞島弧核心的位置，處在經濟活絡且平均智商較高的區域，更可以使用教育與資源優勢發展後天能力。

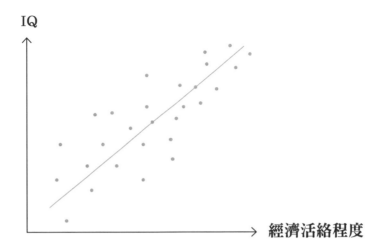

四大讀書類型剖析

　　根據讀書的執行力與理解力可以將讀書類型分為四種，藉由下表的讀書方式找出自己屬於哪一種讀書類型，並參考表格中的讀書方式，針對自己的劣勢逐步修正，如此一來，每個人都可以朝向榜首邁進！

　　在學校讀書的年紀約在六到二十二歲之間，佔人一生中很大的比重，這麼長的時間正是一個人發展個性與能力的精華時間，國小、國中屬於智力發展儲備期，有許多基礎的訓練以迎接身體邁向成熟的發展期，而高中到大學一、二年級，就是 IQ 快速發展的狂飆期。所以，常言道：「努力要趁早！」高中生的各位，都還在人生跑道的起點，加油吧！朝「計畫型的實踐者」邁進，未來的成功鑰匙會在路上一把一把的獲得！

	理解力高	理解力低
執行力強	**第一型：計畫型的實踐者** 思考模式 ●有時間概念、重視效率。 ●懂得自我規劃計畫。 ●思考角度正向積極。 ●遇到困難會想辦法克服。 行為模式 ●容易抓出課本重點。 ●依據科目比重，掌握各科需要花費的時間成本。 ●建立自己的一套讀書模式與進度。 ●喜歡與別人討論問題。 ●課業之餘，擁有固定的興趣或嗜好。	**第二型：苦幹型的實踐者** 思考模式 ●對任務使命必達。 ●記憶強過分析。 ●較不喜歡研究問題，喜歡直接獲得解答。 行為模式 ●別人交代進度努力做。 ●筆記逐字逐句抄寫最為完整。 ●對答案後，喜歡別人解釋，不喜歡自己研究詳解。 ●文科成績多優於理科。 ●在課業上花費時間最多，鮮少有課外興趣。
執行力弱	**第三型：聰明型的夢想者** 思考模式 ●擅長點狀跳躍的思考。 ●依賴短期記憶。 ●討厭重複性的作業。 ●重視個人感覺與喜惡。 行為模式 ●想到要唸、該唸才會讀書。 ●習慣「腦中作業」，鮮少做筆記整理。 ●強科能名列前茅但不穩定，對弱科懶得努力。 ●若有興趣的外務會專注到廢寢忘食，學業容易擺一邊。	**第四型：空想型的夢想者** 思考模式 ●發呆時間長、專注力低。 ●對周遭事物興趣缺缺。 ●學習意願低落，覺得讀書無用。 ●唸書不快樂，玩樂很盡興。 行為模式 ●成績表現落後。 ●與人互動冷漠。 ●不希望被注意，拒絕關懷。 ●常有逃避的心情、負面的情緒。

四個讀書類型與未來財富所得也有很大的關係！

當然財富所得的變因很多，個人機緣與能力因人而異，不過大致上符合一＞二 ≧ 三 ＞＞四的趨勢。

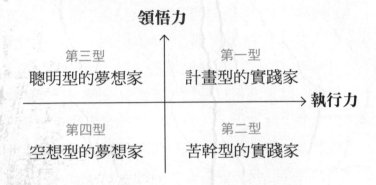

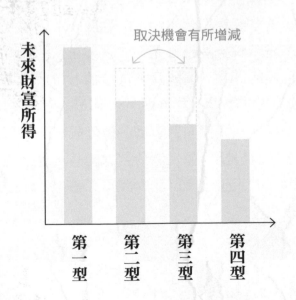

讀書習慣＝財富累積的關鍵！

讀書是為了什麼？

我說是為了生活與未來的發展，另一個指標就是：財富的累積！

引述國父的想法，國父將人分成三種：「先知先覺者」、「後知後覺者」與「不知不覺者」，分別適合做「思考發起者」、「宣傳散佈者」與「跟隨實行者」，對應到讀書成就上則可以分為「讀書領先群」、「讀書持平群」與「讀書落後群」。能當先知先覺者的本就屬少數，但是靠著讀書累積知識，理解各種學問，可以開發自己的智慧，朝向先知先覺者的方向前進。

讀書所磨練出來的態度與能力與日後職涯發展有關，在當中磨練的是心性與解決問題的態度，舉例來說，數學問題可以一題多解，解出答案的途徑五花八門，就像解決人生各個面向的問題。要成就一件事情，每個人選擇的方式不同，花費的時間心力各異，但都可以達成相似的成果，所以道理藏在我們面對事情的態度與實際的行為裡，用心體會，了解自己，並且適時努力向前，就是在投資自己與規劃自己的人生，所以我會說：「讀書，就是為了人生所做的投資」。

先知先覺者	讀書領先群
後知後覺者	讀書持平群
不知不覺者	讀書落後群

國父分類　　　讀書類型

- 讀書領先群：
  領悟力強，掌握重點快速，觀察應變能力佳。
- 讀書持平群：
  事後勤修正，結果中後悔。
- 讀書落後群：
  勞累不停，付出多但收穫少。

每個學生的起跑點不一樣，立足點也不盡相同，如果所有人都用一樣的方法讀書，那麼就會贏者恆贏，輸者恆輸！所以，唯有針對不同類型使用不同讀書方法，才能使贏者保持領先，輸者快速超越！

善用生理時鐘，
創造事半功倍的讀書效率
不用讀到虛累累也可以成績好得呱呱叫！

2

A 生說：「為什麼我都睡不飽？唸書好累啊！」

B 生說：「每次吃完飯後昏昏欲睡，到了晚上十一點就撐不下去，根本就沒辦法唸書！」

C 生說：「我到底該不該熬夜？晚上要唸完再睡，還是清晨早點起床唸？」

D 生說：「早上去學校，昏沉到中午才清醒，怎麼辦？」

　　學習能力與生理狀況息息相關，身體狀況好的話，一目十行不是問題，身體狀況差的話，連看一個字都覺得累。所以，了解自己的生理時鐘與善用週期作息對於學習能有所裨益。

睡眠長度	情緒及學習吸收力
七到八小時	學習狀況正常，情緒樂觀正向，學習吸收力在平均之上。
六到七小時	偶爾為之體力尚可應付，長期如此，會使得身體潛在疲勞累積。若是勉強打起精神，可應付短期考試背誦，但無法長久記憶。
六小時以下	由於長時間睡眠不足，造成體力不夠，情緒容易沮喪，對事物提不起勁，學習動力低落，甚至無法專心，造成惡性循環。

晚上十一點就寢，
能睡足七到八小時為佳！
如要縮短時間，
寧願選擇早睡早起！

睡眠長度與情緒及學習吸收力的關係

睡眠睡得好，學習表現自然好，一天睡眠至少要七小時為佳，最佳入眠時間為晚上十一點之前，對於情緒及學習吸收力有所幫助。

針對睡眠的建議

★ 最好晚上十一點前就寢，睡足七到八小時

現在大部分高中生的就寢時間是晚上十一點到十二點左右，晚睡會影響體力恢復，除非不得已的情況下，盡

可能不熬夜。而睡眠時間長短則依每個人的生理狀況不一，但大部分高中生需要的睡眠時間大約是六到八小時。

★ 真要縮短睡眠時間，先睡早點起

晚上十一點開始是身體休息養足體力的時間，所以真的有功課要完成、有考試需唸書，就先睡足六到七小時以上，再早點起床做必須完成的事務。

★ 睡前放鬆十分鐘，睡眠品質更佳

我認為睡眠品質的重要性大於睡眠時間的長短，所以睡前十到三十分鐘讓腦袋停下來，做一些輕緩的伸展，讓自己能舒緩地進入睡眠狀態，盡量不要再進行思考與分析，避免使腦袋不停運作的狀況，讓緊張一天的大腦靜下來，更能提升睡眠品質。

★ 早上檢視體力狀態，適度調整

從睡醒到中午以前，是身體的暖機時間，難免昏沉，也是檢視體力消耗程度的時刻，如果發現早上昏沉的時間超過兩小時，表示前一天體力消耗過量，影響了隔天表現，此時就要針對睡眠時間點、時間長短與品質進行調整。

★ 適當短午睡十五到三十分鐘，保存體力不昏沉

中午輕鬆地與同學吃個午餐一起閒聊，或悠閒地逛校園，伸展一下之後，午睡十五到三十分鐘。時間不宜過長，否則腦袋不易清醒，下午可能又陷於昏沉，短暫的充電可以讓你到睡前都維持活力充沛！

3 小時	3 小時	4 小時
09:00~12:00	14:00~17:00	19:00~23:00

一天扣除睡眠時間，約有十六小時清醒，實際精神集中時間約八成，所以約有 16×80%≒13 小時可以運用。（當然因為各人注意力集中狀況不同，有些人可以高達九成以上）

掌握每天專注力最高、最有效率的「黃金80%」，依照事物的輕重緩急排定優先次序，將重要的事物排在專注力最高的時段，就能夠有效率完成！

人不是鐵打的，需要適度放鬆與休息，以維持專注時間的工作效率與品質。早上三小時、下午三小時、晚上四小時是注意力集中的時段，善用寶貴的時間，求取最大效益！

針對飲食的建議

★ 三餐記得均衡，八分飽就好

各類食物都要均衡攝取，豐富均衡的營養提供大腦活絡所需的能量，因為學習與思考消耗的能量極大，要充分供應，才能讓思考運作順暢。維持八分飽的好習慣，吃得過飽，反而讓腸胃消化的負擔較大，影響飯後時間的思考品質。

★ 早餐一定要吃

睡眠期間身體仍有低度的能量消耗，而且各個器官也在進行修復整理，所以早餐的營養能被身體充分吸收，

並且提供啟動一天的能量。有外國俗諺說：「早餐吃得像
國王，午餐吃得像皇后，晚餐吃得像平民。」表示早餐的
重要性最高。千萬不要因為早晨的匆忙，忽略了早餐。

★ 記得補充抗氧化與補腦食物

各類蔬菜與水果中含有豐富的維他命成分，能幫助細
胞抗氧化，把破壞細胞的自由基還原，簡單來說，就是減
緩細胞老化的時間，還有維持生理平衡，所以每天都要攝
取足夠的蔬果。

想要補腦，可以吃富含 Omega-3 的食物，如深色的
蔬果、深海魚類……等。Omega-3 是一種不飽和脂肪酸，
會直接影響神經傳導，而且可以增強理解力與應變能力。

最佳的週末生理時鐘

週間的生活比較規律，有學校的時間規範，每個學生
大體一致，可是為什麼每個人的成就高低有所不同？關鍵
因素決定在可以自我控制的週末時間。每個星期五、六、
日，有一段漫長的時間可以自由運用，累積實力。但是，
許多人誤認為週末是放鬆的好時刻，娛樂時間過長，導致
週末兩天幾乎都排滿了活動。沒有休息、沒有唸書，更消
耗了下一週的精力，導致產生不良的學習效率。

週末也應該十一點前入睡，睡足八小時，如此對於
下一週的學習效率會提高很多。通常疲倦感會到週三或週
四才出現，所以適當娛樂是允許的，但以週六或週日其中
一天的半天為佳。當你明白大多數學生的陋習後，就應該

建立一個調節體能的好習慣，讓讀書更有拚勁。週間自主運用讀書時間每天以平均三到四小時為佳；週末自主運用讀書時間以每天至少平均六到八小時最為適當。

通常學業表現優異的學生，都擁有良好的習慣，生活也相對愉快輕鬆，讀書壓力也較少。所以，試著培養良好的生活節奏，養好體力，開始你嶄新的高中生活。

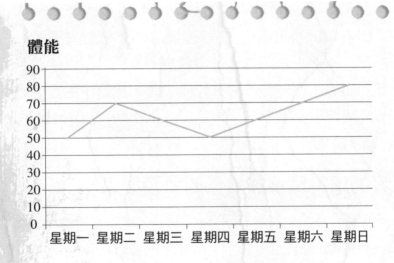

學生一週體能表

週一：Monday Blue 又來找，還想放假難專注

週二：掙扎一天終回神，平穩度過星期二

週三：體力弱者週三倦，心想週末還沒來

週四：週四戰力大消退，勉強撐著過一天

週五：週五上完就解脫，惦記課後玩樂處

週六：日上三竿才轉醒，下午生活正精采

週日：驚覺隔日回崗位，功課急忙中完成

適合自己的讀書環境在哪裡？

選錯讀書環境，60% 的時間是浪費！

3

外在環境的營造，左右我們的感受，餐廳注重的種種小細節，不知不覺間刺激了消費者的意願。所以挑選適當的唸書環境，會影響人的專注與效率，挑對了地方唸書，無疑如虎添翼，選對方式，花費一個小時可以創造別人花費三小時的成就。

好的讀書環境需具備的六項要素

★ 冷靜的環境色調

牆壁顏色最好是以白色、淺藍色或綠色為主，寒色調的色彩可以帶給人冷靜的感受，有助於注意力集中。

★ 明亮的光線照射

整體環境光線充足明亮可以提振精神，以白光色的燈泡為主，必要時加上桌燈，保護視力與提高注意力。

★ 良好的通風循環

適當的溫度與空氣的流通，可以讓我們唸書不易昏沉疲倦，使呼吸順暢、身體熱量正常發散，有助於腦袋清

醒。人體感覺舒適的溫度在十九到二十四度之間，而空氣流動有助於體熱排散的效率。

	消費心理（以餐廳為例）	唸書心理
燈光	不用藍、綠色採光，會讓食慾下降。選擇明亮的暖色，有助於食慾。	不挑黃色光，注意力會被分散。 選擇白色光線幫助冷靜思考。
擺設	相同份量食物放在大盤子且擺盤精緻，有助增添食物美味感，感覺吃得沒那麼多，可以刺激消費者多點些餐點。	適當的書桌大小，大約一個人雙手張開平舉的長度，有助於工作效率提升，資料的擺放拿取便利，也使唸書節奏流暢。 避免玻璃反光，與黑色或深色色調的空間，會導致注意力不易集中。
音樂	快節奏的音樂幫助進食速度快，飽足感較慢產生，可以吃下較多的食物。	搖滾、流行音樂的快節奏會分散注意力，使唸書效率低，吸收成果不彰；人聲嘈雜的地方更是毫無效率可言。

★ 適當的空間大小

　　一個人唸書的桌子的寬度至少要有兩本書攤開的寬度總和，方便兩本資料對照參考與即時的資料整理。桌上不宜擺設過多的雜物，避免分散注意力。

★ 環境保持寧靜

　　嘈雜的環境使人思緒紊亂，影響了注意力，所以環境保持寧靜有助於專心。若處於環境嘈雜的情況下，不建議聽音樂唸書，應該更換讀書地點。

★ 人的干擾程度

　　人的動作與產生的聲響，最容易讓人分心。有時是身邊的朋友或家人會中斷你唸書的時間，要求你協助家務或聊天，這些都會讓人無法專心。所以能有獨立專心的空間最好。若環境無法達成，可以與他們約定，達成彼此的默契，在唸書的時間避免走動或中途打擾，維持讀書的良好狀態。

創造完美讀書環境的要點

★ 自律者處處能 K 書

　　家裡書房就是良好的讀書環境，這樣能夠省去通勤的舟車勞頓，而且所有唸書的資料一應俱全，是最佳的唸書環境選擇。如果本身夠積極，自律程度高，自律和環境兩相配合之下，成績定屬佼佼者。

★ 自律不佳，靠環境

自律程度弱者，在家即使有再好的讀書環境也難以執行，因為在家就會偷懶，安逸休息，「是書看你，不是你看書」。當務之急，遠離家園吧！選擇有管理的自習教室好好讀書，藉由相對嚴格產生約束力的環境，養成自律習慣，才能提升專注力。所以，學校有管理的自修室、補習班的自修教室或環境較佳的 K 書中心是適合唸書的地點。

★ 唸書須隔離電子產品

唸書有一大禁忌，就是要禁止高科技電子產品:電視、電腦、智慧型手機。避免聽音樂、避免與人互動，唸書時手機絕不放桌上，要做到不被這些科技產品干擾分心。

★ 讀書環境的比較：自習教室、圖書館、K 書中心

自習教室	K 書中心	圖書館
最佳	中等	中等
1. 位置固定但稍小 2. 空間色調以白色為主 3. 光線明亮，但無桌燈 4. 學校自習教室不一定有空調；補習班有 5. 補習班集中管理，集體氛圍寧靜 6. 補習班有時間規劃，避免走動干擾	1. 位置固定，獨立且寬敞 2. 空間色調不一定 3. 整體光線較暗，有桌燈 4. 有空調 5. 寧靜程度視周遭大家的自律程度而定 6. 作息靠周圍人員彼此自律，有一定程度的干擾	1. 位置不固定且寬敞程度不一定 2. 空間色調不一，看區域設計 3. 光線明亮程度不一定，自修區有桌燈 4. 有空調，但舒適度依各區域有所差別 5. 寧靜程度靠整體自律，各個區域不一定 6. 人員進出無法控制，有一定程度的干擾
※ 速食店或咖啡廳本來就不適合讀書，因為環境本身設計取向就是提供消費者飲食及聊天聚會，不建議在這些地點讀書。		

如何讓你一整個學期都充滿高效率
保持波浪形動力，掉到谷底再爬起！

4

人不是生來就是唸書的機器，開機就能自己運作，一路順暢到底。在追求人生目標的道路上，也需要熱情的動力維持，才能不斷朝向目標一步一步前進。這裡要討論的就是如何對唸書保持高度熱情，同時兼顧課業與玩樂的比重拿捏。

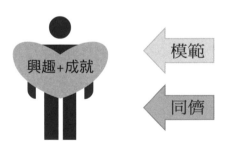

興趣+成就

模範

同儕

根據教育心理學，有模範與同儕的幫助，會增強讀書的興趣與成就感。

唸書的動力引擎

唸書是需要動力的，用來常保能有源源不斷的熱情讓自己堅持下去。動力來源大致可以分為內部動力與外部動力。

★ 內部動力：自我興趣驅動與成績優異的成就感

如果你對於部分學科有優勢，或是濃厚的興趣，能讓你擁有較高的學習力！

好比說童年時期學過跨級的英文或數學，在國高中時，可能因為擁有優勢而較能夠吸收課程內容，並且繼續學習下去。就如同不少前三志願學生，在國中時期已經先接觸高中內容，如此在高中確實學習力較強，所學教材深度也比同學深入。

然而，「成績高低」影響「學習動力」，這是雞生蛋、蛋生雞的因果循環，所以先學會方法，考好分數，才能延續我們學習的內部動力。

★ 外部動力：向模範學習與同儕間的合作與競爭

向模範學習

學習的模範通常以家長與老師為主。家庭環境的形塑是一個人能力與性格的起點，如果父母懂得培養孩子的學習興趣，以開明的方式教導，通常學生會比較喜歡唸書。而老師的風範、談吐的魅力、專業領域的知識都會引起學生學習的興趣，能讓學生樂於學習，成績更上一層樓。

同儕的合作與競爭

國、高中生是非常重視同儕團體的時期，也開始在學習社會化，要維持讀書的動力，「有伴」的感覺對於讀書是非常重要的。

合作型同儕刺激

成就動機高的同伴，像個火車頭一般，可以帶領你

向前，在學科上有疑問，可向他討教，使你有高度的自我動力不斷努力學習，有這樣的同學就可以引發刺激，比較不容易懈怠。同儕彼此激勵的方式可以採取強弱科互補，組成讀書小組，不吝分享彼此唸書的秘訣，補強彼此的短處，這種就屬於合作型的同儕刺激。

外部動力對於學生的幫助示意圖

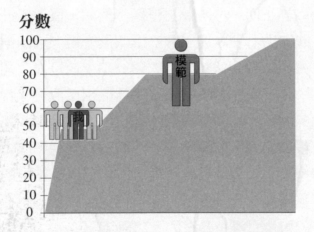

學習猶如集體登山，挑戰登頂，是合作也是競賽，所以有家長或師長為模範，自然有吸引學生向上的力量；沒有同儕者，就沒有推動學生前進的力量，一個人就不成競賽，無法發揮個人最大值。

競爭型同儕刺激

找一個學科實力相當或略強於自己的同學，以他的成績為目標，維持自我競爭意識，有競爭者的情況下，比較容易進步，這是屬於競爭型的同儕刺激。一旦達到近期目標，就要再往前設定下一位競爭對象，以進步為動機，一步步去檢視自己努力的成果。

充電才能維持動力

「休息是為了走更長遠的路」，懂得培養興趣的人往往思考較為正面，做事較為積極。例如，很多大型企業普遍重視員工的心理狀態，會安排假期充電，或是辦理員工旅遊，讓員工暫時遠離工作放鬆一下，或是在公司內設置健身房、休息室、咖啡吧……等休閒娛樂設施，像 Google總部擁有開放性與創造力的工作空間，就是重視工作效率與休息娛樂徹底放鬆的實例。而有時心理狀態除了透過休息和娛樂之外，更應重視心理上的溝通與情緒上的疏導。所以，適時與家人、老師討論自己遇到的瓶頸，更能針對問題一次解決且維持長久的讀書動力。

對課業盡心盡力，充分達成目標後，屬於你的休閒時間，就盡情投入吧！將休閒時間視為獎勵，如果達成預定目標，才能擁有獎勵，做為心理層面的正向回饋。而且，若有效率地提前完成讀書的預定進度，不就等於增加自由活動時間了嗎！

動力－時間圖

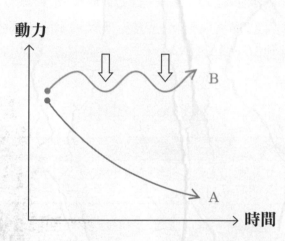

A 曲線：無休閒娛樂或過度放縱休息的人，調適
　　　　壓力方式錯誤，導致動力隨時間消耗。
B 曲線：懂得適度休息犒賞自己的人，壓力適時
　　　　釋放，常保動力與衝勁。

⇩ 箭號所示為休息充電點。

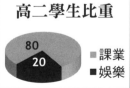

年級越高，用功時間應該越長；離升學考越近，娛樂時間應該越短。然而就我觀察高中生的情況發現，年級越高反而唸書欲振乏力。明白學生實際狀況竟然是年級越接近高三，就越容易疲乏，那麼更應該在高一，就開始維持好的讀書習慣。相信讀完這本書，能讓你的成績登峰造極！

學生檔案 1 李佳俞

就讀高中	就讀大學校系
台北市立 大理高級中學	國立政治大學廣告學系 一〇二年九月升大學二年級

　　佳俞從高中一年級開始，就開始思考自己的大學之路要如何前進，清楚了解自己想要走廣告設計相關之路，就將政治大學廣告學系定為第一志願。

　　高中一年級時，佳俞與我討論第一個遇到的唸書問題就是高中課業繁重，各類科目加起來有十多個，自己到底要花多少時間，才能把書讀好？讀書動力到底該如何維持？其實，佳俞在國中時，對於唸書的掌握度一直不高，所以，我建議她養成讀書的習慣，尤其是週六、日自主時間的自律讀書很重要，她也展現了極高的毅力，從高一開始，就把唸書放在第一序位，大幅度地降低玩樂的時間，找到適合自己唸書的圖書館，週六、週日兩天就在圖書館中，唸書的專注時間慢慢拉長，在高一時，週六、日兩天唸書的時間總計可達十八小時！這已是許多學生做不到的毅力。

　　第二個遭遇的唸書問題是有十多個科目要唸，扣除掉藝能科也有將近十個科目需要消化，她只有一個腦袋，沒有辦法全部的科目一起都變強。這是很多學生在學習會遇到的問題，就是學習的比例輕重拿捏。所以高一的時候，我請她集中火力在

學測關鍵決勝科目——國文、英文與數學三個科目，這三科要拚到全班前兩名，並且能夠維持一個學期以上，其他科目至少先維持在前十名即可。由於唸書習慣的建立，學習狀況的穩定度增加，高一時她的主科達成目標，後面所帶來的效應就是高二時，她逐漸發現自己唸主科的時間快速許多，開始有多的時間可以分配在社會與自然科，到高二時，主科之外的科目也逐漸名列前茅。

　　她並不因自己在學校排名進步而滿足，她清楚了解未來是要與其他學校的學生競爭，所以，她開始想要了解自己現在的身手是否能夠躋身高手之列？還是只是自己學校中數一數二而已？我拿出了歷年前三志願段考的數學題目，請她以段考應試的心情自我練習，結果再拿來與我討論。由於在補習班教書多年，學生來自各個學校，對於每張考卷各校當年考試平均與狀態為何，我都幫她深入地進行分析，了解她練習的成果，比對當時表現狀況，發現她對自己的學習掌握度，已不可同日而語，後來順利考上自己心目中的第一志願——政大廣告。

佳俞的成功經驗，值得學習的是

1. 時間分配的心態調整，將唸書放在第一位，玩樂其次，展現決心。
2. 找到適合自己的唸書地點，拉長唸書的專心時間。
3. 高一全力拉高主科，高二主科熟練，熟讀時間變少，副科成績跟著提升。
4. 了解競爭力不只在校內，而是放眼台北市，利用他校考古題自我檢測，並與了解考題的老師不斷討論。

◎人生大逆轉：國中 PR70 到高中升大學 PR98

5

動力直落欲振乏力，情緒困擾我唸不下書怎麼辦？
三天內解決小情緒，避免三個月後變炸彈！

形成一個人讀書的動力分為三個要素：
環境氣氛的營造、人的交互影響與自我提升的驅動力。

動力 ＝ 環境 ＋ 朋友 ＋ 自我提升

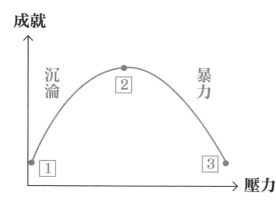

1. 壓力過小，成就低，易沉淪迷失
2. 適度壓力，動力強，易發揮、有成就
3. 過度壓力，身心俱疲，容易有暴力傾向

環境氣氛的營造

想必大家都有這樣的經驗，當走進圖書館時，會不自覺輕聲、慢步，避免與人交談，如果此時有人疏忽地忘

記調整手機音量，那麼四周的人就會投以「關注的眼神」，
這個人也會不好意思地掛掉電話或到外面接聽。這就是圖
書館給我們的氣氛營造，所以，找到適合自己的唸書環
境，或者自己在家中營造一個適當的環境，是維持長期讀
書動力的關鍵。

人的交互影響

心理學家拉丹有一個心理實驗是測試拍手的力度：

情況一：

當只有一個人需要拍手，他會盡力拍手，因為只有一
個人。

情況二：

變成兩個人拍手，兩個人各自拍手的力度就會降低。

情況三：

更多人的情況下，每個人拍手的力度呈現下降的趨
勢，每個人都各抱持著「有別人會出力」的想法。

由這個實驗可以類推，同學相約一起去唸書，表面看
來是如此，但是大家相約，就有彼此等待的時間浪費，到
定點唸書，可能又拖拖拉拉，沒有人提醒，可能就沒有唸
到書。所以，唸書通常是一人的行動比較有效率。

自我提升的驅動力

自我提升的驅動力是需要培養的，當然有人天性樂
觀進取，不畏挫折，勇於嘗試，個性如此，唸書或做事的

驅動力就會很強大。但並非每一個人皆是如此，需要依靠逐步學習達成目標，於是先找到一個良師益友或是精神模範，藉由他們的經歷與行事作風，從而帶來刺激，包括對學習的想法、對成就的動機、思考事物正向積極的切入角度……等等。或是觀察一個成功的名人或歷史上的偉人都好，去閱讀他們的傳記，了解與他們相關的報導，體會他們為什麼遇到人事物能夠保持正向積極，甚至是遭遇挫折也屢敗屢戰，不屈不撓的想法如何轉折，這些能量都是精神的食糧，提供你在唸書順境或逆境時，所需正向的心態，他們練習克服困難的方式為何，從中學習態度與成功的方法。

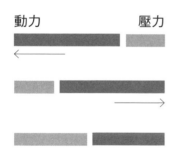

動力	壓力

動力 > 壓力：執行力高，情緒開朗積極。

動力 < 壓力：被動疲乏，情緒低落消極。

動力 = 壓力：背負責任，情緒時好時壞。

　　人不是機器開了就會跑，總有跑不動當機的時候。有時候理性的思考總敵不過情緒低潮來襲的浪濤，生活上很多瑣事，形成情緒，造成唸書缺乏動力，停滯不前，這個時候我們需要想辦法，讓情緒平復下來，然後繼續有效率的唸書。

★ 狀況一：偶發短期的小情緒發作，怎麼辦？

　　有一個心理分析提到：偶發小情緒請在三天內解決，找一個可以傾聽與溝通的對象，可能是值得信任、了解你的老師、輔導老師或是開明的父母，傾聽你的困擾，與他們討論解決方法，由於他們生活經驗豐富，思考事物角度較為寬廣，提供幫助較能見效。反觀此時若找同學，或許對方能夠傾聽，但是無法提出有效的解決方法，甚至可能產生反效果，所以，找同學抒發情緒常常會讓一個人的煩惱變成兩個人的困擾，應避免讓情緒蔓延擴大。

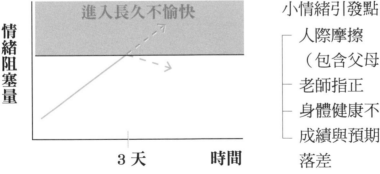

★ 狀況二：長時間的情緒陰霾籠罩，怎麼辦？

　　情緒累積維持三個月，會變成一個人的習慣與個性，是正向的情緒很好，若是負面情緒不斷累積，就像悶燒鍋一樣，悶久會燒透！所以，如果發現自己因為一件事情長期困擾，時間長達兩、三個星期，必須想辦法處理，這類困擾可能為與同學人際互動失和、高中戀愛分手、家中狀況的困擾……等等。

　　總有灰撲撲的烏雲籠罩頭頂的感覺，是很不健康的。試著找輔導老師或諮商師，用專業的方法帶領你，消化長期的情緒困擾，試著「接受、面對、解決、放下」，讓這種情緒不要繼續在心底生根發芽，成為固著的困擾，也是一種學習過程，以備未來遇到困境，可以試著面對。

須較長時間耐心克服

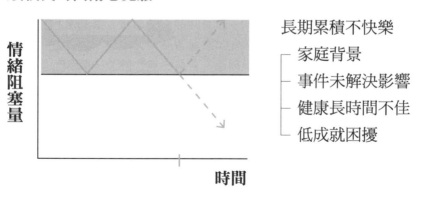

「戰友」讓讀書有源源不絕的奮鬥感

找一個適合的讀書夥伴，越討論能力越強！

6

　　要得到全世界最珍貴寶藏的魯夫，不可能只憑著自己一人划著獨木舟，就能找到寶藏，成為偉大的海賊王，需要騙人布的工藝技術、娜美的方向指引、喬巴的醫療照顧、香吉士的美食補給、索隆的義氣相挺……等戰友協助。唸書也是一樣，雖然考試成績是一個人的事，但在追求好成績的過程，一定也需要許多人的協助，問題的解答、心靈的支持、經驗的傳授……等等。

需要戰友的原因

★ 心靈支柱

　　當問題發生時，多個人總比一個人好，有個人一起關注一件事，做起事情來總更有勁，唸書之路的確不好走，需要花時間與心力投注，如果有戰友互相陪伴，彼此激勵，走起來就不孤單。

★ 解決問題

　　每個人都有各自的優勢科目與弱勢科目，透過戰友的砥礪，彼此互相督促，動力高的拉著動力低的跑，在茫茫書海中，其實有很多唸書的成功之道，透過與戰友的討論，找尋各自最佳的唸書模式，走錯的路藉由分享，讓其他人不再踏錯，省去自己親身試誤的時間，贏得效率。

戰友具備的特質

★ 第一型戰友：學習態度積極認真

　　他們可以是筆記整理完整、分析脈絡清晰的同學，也可以是各科成績名列前茅的同學，對學習有堅持，才會筆記清楚、成績優異，他們的堅持是學習與諮商的好對象。

★ 第二型戰友：勇於發掘問題

　　會在課堂上發問的同學，且問題是經過思考、有其邏輯，這種人最適合與他討論課業上的問題，他們理解概念快，也知道提出問題的切入點，積極尋求解答，可以帶著發掘你原本找不著的學習寶藏。

★ 第三型戰友：思考正向且樂於助人

　　有些同學的頭頂好像始終充滿著陽光，眼神溫和堅定，說話做事的思考總是正面，遇到有人需要幫助的時候，會伸出友善的援手，與這種特質的戰友一同作戰，可以讓心情愉悅，遇到挫折，他們會願意聆聽且一起討論。

與戰友的動力維持

　　戰友不一定需要一起唸書，定期討論，間隔三到五天一次，互相關心唸書的狀況，研究讀書策略與心得，能夠自我分享與聽取建議，形成「讀書會」，互相切磋砥礪，才可以維持動力不滅。另外，戰友除了是同學，也可以是有成功經驗，願意傾囊相授的學長姐。

7

專注力差、吸收力弱，程度跟不上不代表絕症
如何維持步步為營、並駕齊驅的態度

A生：「K書十分鐘，我的腦海中就浮現其他事物，要長時間專心很難……」

B生：「我讀書能專心，卻讀得很慢，一樣的時間，讀得比別人少……」

　　唸書重視專注力與吸收力，專注力表示能夠心無旁騖，有品質地思考或進行一件事情的時間長度；而吸收力則是對事情的理解程度與記憶吸收的能力。

各學習階段每小時能專注的時間（學生平均值）

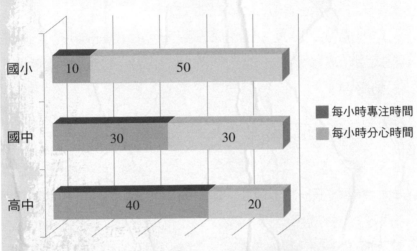

	每小時專注時間	每小時分心時間
國小	10	50
國中	30	30
高中	40	20

每小時專心與分心的時間比較

由不同學習階段的學校排課時間便可窺知一二。小學一節課是四十分鐘，國中是四十五分鐘，高中是五十分鐘，由此可知年紀越小，專注力越低，所以一節課的長度較短。在我的經驗裡，高一到高三能夠專注的時間可由平均四十分鐘延長至九十分鐘，隨著年齡增加，專注進行一件事情的時間會延長。

如何提升專注力？

★ 運用強科翻身

唸書先唸強科三十到六十分鐘，因為唸強科能聚精會神，先提高專注力，再延續這股專注力轉唸弱科，就可

達到以強科帶動弱科的效果。但唸強科不宜超過九十分鐘以上才轉唸弱科，恐因疲累而失效。

★ 討論問答，刺激反應速度

平時應與師長、同學時常討論，藉由討論的互動問答而找到「理解點」，能夠理解便能專注，進而引發興趣，主動學習。

如何改善吸收力？

★ 微學習法

學習的吸收力就像是食物的消化量，若是一次囫圇吞棗，肯定會消化不良，所以，要幫助吸收力提升，利用少量多餐的原則，每次上課當中就努力理解與吸收上課內容。

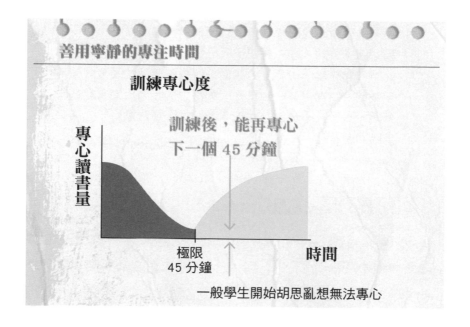

心理學上分析，一個人在寧靜情況下的專注極限為四十五分鐘。如何將這四十五分鐘拉長為兩到三個小時以上，可以利用「運用強科翻身」的技巧，以及每唸書四十五分鐘休息五分鐘，也就是「適度休息再充電」這兩個方式，可以讓專注極限更長，比起從頭坐到尾兩、三小時，只能專心二十分鐘的狀況，效率更高。

即時澄清

若在課堂上有疑問，下課時間立即詢問老師，或是請教該科優秀的同學，透過提問的過程，澄清自己不懂的概念，也加深印象，幫助記憶。切記，不懂的問題一定要在兩天內解決！才不會讓後續課程存在相同的困擾，導致跟不上進度，這樣會加深挫折感，之後要再追上進度就會變得困難。

訓練專注力與吸收力的建議

訓練方向	訓練建議
挑對環境唸書	● 找到對的地點（前面章節所述） ● 降低外界干擾（舉凡噪音、走動人群都應避免） ● 減少群聚陪伴（人多嘈雜壞效率） ● 拒絕 3C 產品干擾（看訊息、查動態、玩遊戲）
調整身心狀況	● 每天睡眠要足夠 ● 唸書時間規律化 ● 有壓力要固定釋放
課堂中能夠做足的工夫	● 立刻聽懂，馬上記憶 ● 複誦重點與動筆抄寫，協助記憶與日後查看 ● 不懂的觀念下課馬上發問

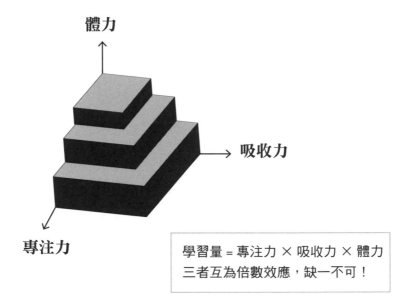

學習量 = 專注力 × 吸收力 × 體力
三者互為倍數效應，缺一不可！

8

用簡單公式
算出你的聽課效率
淺顯才易懂,有效提高讀書行動力!

A 生:「這個老師上課速度好快,我一直抄寫,都來不及聽懂……」

B 生:「老師教得好慢,一堂課只講一點點,有好多內容都要自己回家重新摸索……」

C 生:「一個科目,好幾套講義資料!讀完後覺得好雜亂喔……我覺得很混淆,怎麼辦?」

　　每個人學習的模式不盡相同，受外在的氛圍營造與內在的學習動機相互影響，因而在學業成績表現上有不同程度的差異性。讀書效率的達成，就是要在最短的時間內獲得最大的成果，我們可以用一個公式簡單表示：

$$聽課效率 = \frac{上課內容的理解程度 + 上課內容的記憶多寡}{單位時間}$$

　　想要達成有效率地聽課，就要確實理解課文內容，與優秀輔導者幫助理解。

觀念淵源於課本

　　所謂追本溯源，很多人讀書漫無章法，東抓一點老師增加的補充教材，西抓一點參考書的內容，使得自己所讀內容看似豐富，實為片段組裝，其實零碎不完整，所以我建議，不論老師上課是否使用課本，一定要去看課本與統整過的優質講義，了解課程大綱與熟悉重點要義。

★ 提綱挈領，由大綱入手

　　課本的大綱有助於理解整個學期所學整體脈絡，例如國文就可先知道選文重點為何，是詩詞或是主題性選文？作者是誰？他所處的背景如何創作出此文學作品等等；數學先看各章標題，理解這學期偏重是代數還是幾何部分，前後單元的關聯性為何；歷史先看該學期講述的歷史背景年代為何？所講內容是以台灣、中國或是外國為切入重點？

課本如何建構時間序？由完整的脈絡去建構整個學習的圖像，就不像在拼圖一般，只拾得一片碎片，無法窺知全體。

舉例：

高中數學空間求平面的大綱整理與有效率的記憶方法

《公式》空間求平面	加些想像，一次就記住
1. 一般式 （找出一點、法向量可求）	買來的玩具如果很「一般」
2. 截距式（體積相關使用）	撞牆是「截距」
3. 組合〈平面族〉 （過相交點可設）	只好重新「組合」
4. 缺項式 （寫 E_{xy} ！垂 E_{xy} ！）	少一個零件是「缺項」

優質講義整理重點

　　講義除了列出每章內容重點，也有表格歸納，如此一來可以掌握每一章內容與其敘述的關鍵，了解各章內容多寡，抓到重點後，也容易了解考點在哪裡，好的講義也能學到好的解題要領。或許可以課前事先預習基本概念，這樣可以在課堂上更專注，並提醒自己，唸書是要唸整體，不在一個小地方鑽牛角尖，導致缺乏整體理解，使理解的內容有所缺漏。

授課品質好的老師

　　不曉得你有沒有相同經驗，有好老師教過的課程內容回憶起來，比起自己陌生的摸索要容易得多？因為要消化理解課文內容，再摘要重點，並且去蕪存菁，這其實是一個巨大的工程，如果遇到一個善於整理與口條較佳的老師，真的是賺到了！經由老師建立的學習架構，等於在學習的時候，已經有人幫你打好地基、建好房子，只剩下室內桌椅、櫃子……等等家具的擺設方法，就是你自己如何內化了。理解老師給的重點之後，轉化為分析考卷的作答能力。而且好老師不吝讓學生問問題與討論，或是鼓勵學生，遇到這樣有熱忱的老師能提高學習意願，實屬難能可貴。

　　此外，有喜歡共同科目的同學可以組成讀書小組，彼此形成一股支持，可以互相分享、討論，如果遇到學習問題，互相切磋琢磨，甚至提出不同觀點進行分享，再一起請教老師，這樣能夠進一步給予不同的學習激勵方式，讓學習變得更有趣。

　　青春期容易分心在眾多事務上，包括人際互動、學業煩惱、未來生活、家庭感受……等等。如果想將學業顧好，我們不可能每次都臨時排一個緊急計畫表唸書，這種習慣在國中可能可行，可是到了高中，所唸的科目與範圍都是數以倍計，不太可能再用臨時抱佛腳的方式唸書。所以懂得規劃時間，有效率學習，在印象最深、體力最佳的時間，將理解後的內容反覆記憶，相信能得到好成績。

五大招提高讀書行動力

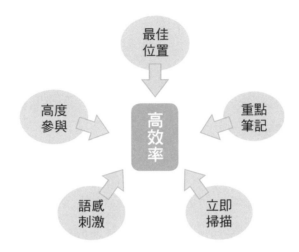

★ 選對位置學習效果更好

　　教室的前三排通常是與老師眼神、語言互動最直接的位置。

　　每一堂課上課方式不同，每個老師教課的特質不同，這些都影響學生學習的效果。如果老師所教，大部分都是你所能吸收學習的，那麼盡量讓自己的位置集中在前三排，這樣就能夠達到良好學習效果。

　　如果老師是一個只唸課本畫線，沒有重點、無法協助記憶的老師，甚至難以詮釋艱澀難懂的概念，你可以在這堂課邊聽課邊理解記憶，甚至自行先背誦重點或使用工具書自行理解科目，那麼，坐在教室中間或是靠窗邊是適當的位置。因為教室中間不會太吵，也不在老師密集的視

線範圍內,而教室後排比較容易分心,同學也可能較浮動。所以,好好沉澱下來,充分利用時間,自行閱讀與老師教授相同的課程。盡量不要在一堂課讀兩種不同科目,以避免老師注意到你的分心,產生不必要摩擦。這樣做,比起其他同學上課發呆、睡覺、嬉鬧的零效率,你甚至已經準備好小考。所以我說:「愛鬧的學生睡到飽,珍惜時間的學生讀到飽。」

★ 利用參與點燃對學習的熱情

上課參與是很重要的,學習不僅僅只是為了求取分數高低,更是在當中尋找樂趣與成就感,動手做、開口說的課程往往能夠幫助延長記憶。理科學生對於青蛙解剖,想必有很多感受;英文歌唱比賽,大家一起練習上台唱歌,畢業多年都還能琅琅上口;數學課程中參與計算,一起思考分析討論,想必都會印象深刻。「參與」能讓學習變得不枯燥,因為人是感性的動物,如果讓學習的理性多加點趣味,是有助於學習的。

所以,當課程能夠開放參與時,你千萬不要冷漠!

★ 筆記就是重點,不是影印

有時隨意看到學生上課的筆記,就有很多感觸,很多學生做筆記之精美,色彩使用之恰當,優於我的想像。

但是,對於學習效率來說,整本課本畫滿線,寫滿大大小小的筆記,除了少數學生真的能內化成為自己的實力,多數人只是在做「影印機」,用眼睛短暫掃描黑板上的內容,立刻動手影印下來,其實中間少了理解與思考,

也少了記憶。常常整堂只忙著抄筆記，準備回家再看一次，這時候才開始動腦理解、思考與記憶。這樣做無疑是在相同內容上浪費時間。所以，筆記要整理、消化重點，以精簡的文字與圖表，作分析比較以協助記憶，而不只是上課內容的影印機。其實只要多動腦，理解後再記下來，就能使記憶更長久。

★ 利用聲音加強腦中迴音

唸書有五到：「眼到、耳到、心到、手到、口到」，在我自己的經驗中，「口到」這件事是眾多讀書人鮮少去做，卻是最重要的。在心理學上，口到，是一種很有能量、可以刺激學習的方式！用腦袋思考學過科目的內容，不管是聽課做筆記或是理解閱讀書籍資料，眼睛看進去的內容，如果能反覆唸誦，就會形成聲韻的刺激，耳朵聽覺接收後，大腦會記憶聲音的節奏，加上文字經過理解後，就可以形成一個連鎖刺激，形成長久記憶。

由眼開始，藉由「口到」引起耳到、心到的共同反應，形成記憶與反射。所以在我授課的過程當中，要求學生們一起唸我所整理好的課程重點，我稱之為「統整綱架」，讓他們的記憶清晰，是有一套有系統並且可以在遇到題目時反射的邏輯訓練。

★ 下課十分鐘的立即掃描

很多人下課十分鐘只想著放鬆，找三五好友聊天閒聊，或是急忙跑到球場邊打球，打得疲累不堪，再回到教室，進行下一堂課，其實都錯失了記憶的黃金時刻。

　　下課十分鐘拿來整理前面課程的重點，只需簡潔地將大標題與重點，用掃描的方式看一次，甚至不用背下來，在回家的複習時間就能發揮效果，更快喚醒記憶。這讓學習更有效率，節省了許多時間，也能避免社團或是課外活動影響學業。十分鐘的閒聊與打球，太過短暫，總不能盡興，所以拿來快速掃描重點，節省日後還要花更多的時間唸書，如此的高效率，才能同時享受擁有高分與休閒的快樂。

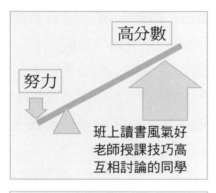

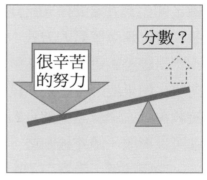

讀書是槓桿效應，猶如投資，選對槓桿就省力。

9

大腦聽懂是短暫記憶，
如何善用筆記變成長期記憶
口到心到，記憶直達海馬迴

記憶力是學習的一大難題，很多學生都常說：「老師上課我都聽得懂，但就是記不起來！」學過卻記不起來或是印象模糊，等於沒有學過一樣空白。

腦內主掌記憶的是海馬迴，就是讓短期記憶變成長期記憶的部位。仰賴的是不斷地重複理解，養成習慣之後，鎖在海馬迴裡轉化成長期記憶。

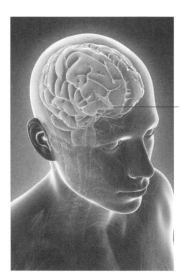

海馬迴

懂得整理重點筆記

做筆記是一門藝術，如前章所述，如果整堂課只是勤抄筆記，沒有消化理解，等於在做「影印機」，對學習是沒有幫助，做筆記應該注意下列要訣：

★ 筆記本隨身可帶

筆記本以 B5 ～ A4 的大小為佳，方便攜帶。沒有底線格子方便畫圖表，紙張不宜過薄。

★ 內容扼要

語句簡潔、以圖表示意，消化完後以關鍵字或圖像記憶。

★ 琅琅上口

利用諧音整理關鍵字，以趣味與節奏感為重點，幫助記憶。

上課就要開始記憶重點

以一天八節課為例，記憶就好比抽屜，每一節課上過的課程記憶就像一張張的資料，每節課收一疊資料，假如沒有做整理或是關鍵字記憶，那麼就會像一張張散落的資料重複疊上去。所以，隨著時間過去，一天的八節課的內容大概只記得二成，萬一某節課恰好是沒興趣的科目，可能連一成的內容都記不得。請同學不妨自己做一個實驗，如果八節課，都沒有運用下課十分鐘整理，過完一整天下來，每一節課到底學到些什麼？回想起來，普遍結果應該都很零碎、片段，這樣連讀書理解都有問題，根本就無法考試解題。

在我授課過程中，依據教育心理，讓學生當場聽懂、當場記憶，以「口到」方式讓記憶直接進入大腦海馬迴。而課程結束時，立刻實施數學隨堂考，結果學生們普遍答題狀況不錯，因為我給的教法就是讓他們聽得懂、當場吸收。

抽屜式的填鴨教育

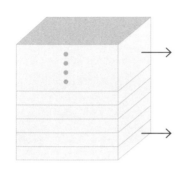

到第六、七、八節，
其實已經飽和，
恐怕只剩抄寫的力氣。

一整天下來，
第一節課的內容，
已經記憶不清，
其他幾節課程也開始模糊。

記憶就和飲食一樣，「定時定量」優於「暴飲暴食」。很多人沒有培養定時讀書的習慣，都是被催繳作業、有考試時，才下工夫努力。加上多數高中老師給的作業量不輕，或是頻繁考試，這樣夾在作業與考試之間，學生常常暈頭而拿不出解決方法。所以，我建議先規劃段考，畢竟段考算是高一、二的大考，成績比重、鑑別度高。每次段考的準備時間大約有六週，很多學生在第一、二週，都還處於放鬆階段，唸書急迫性較低，頂多寫寫作業、應付小考；第三、四週稍稍注意該準備，但是第一、二週所學內容尚未記憶，通常陷入新舊進度兩難階段，甚至對前兩週延續的課程產生無法理解或跟不上的問題；第五、六週快要期中考前，突然猛發性的熬夜唸書，應付接連而來每一個複習小考與將近的段考，可是累積太多，科目太多太雜，導致囫圇吞棗，只好全部硬背、短期記憶，等考完試後，才發現八成內容又忘記。

　　這樣的唸書模式對於大考完全沒有幫助，可能導致高三升大學學測前十個月，每一個科目都等於必須全部重新學習一次，面對大考毫無勝算。

段考間學校課程狀況

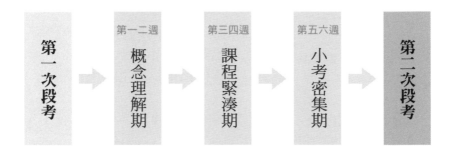

掌握關鍵三主科，培養強科實力

　　我的建議是，在不論是否需要考試的狀況下，每天至少要花三小時唸書，且火力集中在國、英、數三科！不論是白天在學校充分利用時間或是晚上讀書，都應該養成固定自我分配時間唸書的習慣。分配方式為國、英、數三個主科，三科選二科，每科所花的時間約一到一個半小時。如果時間過短，所唸有限，概念不易充實；如果時間過長，該唸其他科的時間被壓縮，且時間太寬鬆就容易拖延，導致沒有效率。剩下的一到兩個小時，則可以分配給當天作業或是加強其他科目。因為學測勝負在國、英、數三科，主科是重點，必須要優先重視，要把主力花在主科上，建立強科。

三主科重點攻略

主科重點攻略		
國文	數學	英文
● 熟記常考形音義。 ● 熟讀重要選文40〜60篇，佳句背誦不可少。 ● 國學概要的流變清晰，重視比較。 ● 延伸閱讀再加強。	● 概念完整理解。 ● 重要公式理解證明才記得久。 ● 整理熟練所需公式。 ● 關鍵字分析題目。 ● 練習跨章節靈活題，提升解題實力。	● 字彙熟背，合併實用例句。 ● 熟背常用片語與介系詞。 ● 閱讀文章找到重點句，理解前後文。 ● 勤練題型建立語感。

　　國、英、數三主科是不同的學習方向，所以唸書也要有不同的模式，例如國文，先由字的形音義入手，再到課文的修辭與意涵，最後是情感性的理解文學之美或延伸閱讀，還有寫作練習完整表達的應用；英文則是清楚背熟單字字義後，延伸到片語與特殊文法，之後到課文理解，佳句熟背能應用，擴充閱讀量，到能夠簡短為文；數學則最重觀念理解，理解之後務必熟練公式，才能在考試時反射，順利作答。一個重點觀念需搭配大約三種不同變化的題型演練，而不是重複練習類似題。

每兩天複習一次，有助長期記憶

　　重複複習可以克服遺忘，可以加深概念的記憶。如果一週後有測驗，應該兩天進行一次複習，這樣的重複節

奏比較有助於長期記憶的形成。平時不唸書，考前一天才花很長的時間急就章，這樣準備考試非但沒有幫助，反而容易產生觀念混淆，腦海裡雜亂無章！舉個例子說明，醫生開藥需要每隔六小時吃一次，一天吃四次，總不會有人就為了省麻煩，直接一口氣吃下一天份量的藥量，以為藥效都一樣，這樣藥劑濃度過大會致命的。所以一次考前集中唸，壓力太大，很可能亂了方寸，勢必會遺忘的。

高一～高二上學生每週唸書計畫建議表

	週一	週二	週三	週四	週五	週六	週日
早 08 ~ 12			在校唸書			休息補眠或社團、補習	整理功課與準備考試 60mins 數學 60mins
午 13 ~ 17						數學 60mins 自然 60mins 加強科目 60mins	英文 90mins 國文 60mins 社會或自然 60mins
晚 19 ~	國文 50mins 數學 50mins 功課考試 60mins	英文 50mins 社會或自然 50mins 功課考試 60mins	可能補習	英文 50mins 數學 50mins 功課考試 60mins	數學 50mins 社會或自然 60mins 國文 60mins	休息時間、家庭時間或彈性運用	彈性時間

排計畫表的要訣

◎大部分學生一週當中會擇一或兩個時段補習，當天必須保留足夠體力聽課。

◎有補習或準備考試的時段，必須先充分利用在校時間唸書，先解決瑣碎事務，如訂正考卷、整理表格、處理作業等等，才可避免補習或為準備考試而沒有體力。

◎社團與課外活動、娛樂，一週不應超過五小時。

◎假日前晚應該在晚上十一點左右睡覺，睡到隔天早上七點，每週五、六、日也應早睡並睡足八小時，體力好，在學校上課才不易疲累。（這也是一般高中生做不到，所以容易疲累的原因，避免不了假日過度放鬆的誘惑。）

◎統計一週唸書時間，大約二十小時，先排十八個小時的規劃，絕不塞到飽和，避免計畫表每次都做不到。留下局部空檔時間，來彌補萬一沒做到的計畫內容。

掌握「黃金記憶點」，快樂自信簡直就像中樂透！

10

勤於點滴累積，享受驚喜成果！

　　一天二十四小時，沒有一個人可以整天清醒著度過，心理研究指出我們人一天之中，晚上十點零三分是靈感最強的時間，而下午四點三十三分是最想睡的時間，所以，每個時段的生理狀態都不同，如果可以找出最適合唸書的黃金記憶點，記憶學科將如魚得水，所以，如何創造與善用黃金記憶點，為本節討論重點。

創造黃金記憶，一定要睡得好

　　人要保持清醒，需要充足且適當的睡眠，平均大約七到八小時，睡眠長度因人而異，可以由早上的自我檢查得知，若是昏沉時間在中午之前超過兩個小時，表示睡眠不足或品質不佳，需要調整睡眠的作息，且睡眠的狀況切勿中斷，以色列學者拉維的以下實驗可以說明。

　　針對士兵睡眠狀況與背單字記憶的效率研究，將實驗分 A、B、C 三組，三組士兵皆在用完晚餐後背一定量的單字。

Ａ組士兵：背完單字就睡覺，一覺到天亮。

Ｂ組士兵：背完單字後進行夜行軍，再睡到天亮。

Ｃ組士兵：背完單字後進行夜行軍，行軍完睡覺，但在凌晨一點鐘中斷其睡眠，不做任何事情再回去睡到天亮。

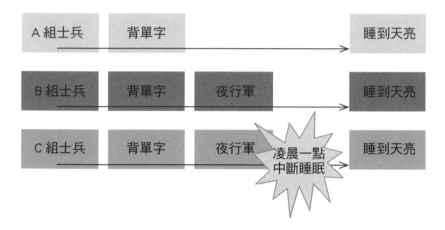

通過單字測驗後，**單字記憶總量是Ａ組>Ｂ組>Ｃ組**，所以我們睡眠的完整性與記憶效率相關。

有些學生習慣會在學校上完課，回家先睡覺一到兩小時，深夜再起來唸書，唸完睡回籠覺，也許心理會覺得經過休息過後，記憶效率應該更高，但是實質不然。

善用黃金記憶時間點

下列時間點的記憶力最好，如果能善加利用，則效率倍增。

★ 下課十分鐘整理記憶最好

一堂有品質上課，如能利用下課十分鐘，掃描剛剛上過的關鍵字句，將重點立刻記憶，能夠這樣學習的人，抓重點加上即時重複記憶，雙管齊下，記憶品質極高。

★ 飯前一小時，警覺專注

心理學研究，有規律飲食時間的人，飯前一小時，會有些微飢餓感，這個飢餓感的刺激，使得腦袋警覺專注，專注力提升的情形下，有助記憶。不管在午餐或晚餐前，皆是腦袋較清醒的時刻，午餐前一小時的課程就好好專心記憶，而晚餐前一小時，通常是往返通勤的時刻，拿來背英文單字或記憶數理科公式為佳。

★ 洗澡後一小時，暢通清醒

洗澡有助於全身血液循環，而洗澡後的一小時，血液循環暢通，刺激腦袋活絡，思路暢通，拿來唸書記憶力正好。趁著全身肌肉放鬆，腦袋清醒的時刻，拿來記憶較為複雜的內容，例如：重新記憶數學公式證明、背誦長篇國文課文、記憶地理不同區域人文特色……等等，再好不過。

以小窺大的「縮小視窗」筆記整理法

整理條例、綱舉目張，內容逃不出你的五指山

11

香港首富李嘉誠的一項新投資，是一個年輕人設計了一個軟體，將內文約八百到一千字的文章，利用比對重要字詞，摘要出兩百字的重點，這個投資對繁忙的現代人，真是一大福音，我們處於資訊爆炸的時代，文字的創造與流動太快，沒有時間一次消化大量的文字，再自己去蕪存菁，如果這個軟體成功，勢必將改變許多人的閱讀習慣，能更簡短快速藉由軟體的摘要，理解重要資訊。

會抓重點讀書的人，成績表現往往優異。完整課文呈現重視精采豐富，考慮行文的閱讀流暢，勢必有許多敘事性的字辭，讓文章前後完整，但是如要記憶，我們的大腦不是電腦，無法將所有字詞一字不漏存取，學會抓重點與分析比較，才是大腦合適的記憶方式。

以小窺大抓關鍵

以高中數學為例，學習**分點向量**時，由精要的小概念出發，可以推演大範圍整個章節可以使用到的分點向量

的部分，如果能夠整理出整體架構，表示已能靈活運用分點向量的題目。

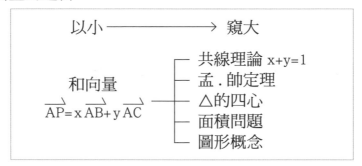

下列的條例則適用於直線排列，不論同物或異物，解題時能將題型分類進行歸納，如此能讓學習效率提高數倍。「排列組合」單元題目看起來不一樣，解起來又很像，很多學生摸索很多類似題，才懂一個觀念，加上老師如果教得很繁瑣，學生會更痛苦。

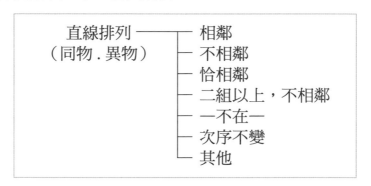

如果教學者能先讓學生懂一個觀念後再清楚比較之間的差異，那麼學生去推演類似題時，就能舉一反三。這就是以小窺大，有效率的讀書心法。以小窺大能讓思考清晰，比較相異做法不混淆，更方便記憶，就能夠拿取高分。

善用便利貼

課堂上多數老師會協助整理考點給學生，將重要考點內容畫線或使用便利貼摘要，貼在課文內容處，如此一來，考試只須由重點入手，讀過便利貼便可以快速憶起的內容，代表已經進入長期記憶；如果看不懂重點摘要的部分，則回到旁邊將課文內容重新讀過。

善用活頁筆記或筆記本

認真地上課必有所得，除了用便利貼濃縮一頁重點外，還可利用活頁筆記或是小筆記本，做完整章節的重點摘要，筆記內容是自己消化後反芻的內容，要符合精要、可懂、可快速複習的三個要點，字句不要冗長，只需使用精煉、自己可理解的字句整理，因為是用來快速複習，不要整本課本照抄，這樣還不如使用影印機還比較快。

縮小視窗之後，再搭配滾雪球讀書法（詳見單元21），重點歸納把相似之處快速記憶，而後再分辨相異點，利用提醒與注意比較，如此一次可記憶跨越數個章節的內容。

想像自己像保全人員，利用監視器同時監看數個分割畫面，每個畫面的場景，他都十分熟悉，因為每天觀看，重複成自然，這就如同打穩基礎，相同概念容易記憶，而每天人員進出，就如同唸書唸到觀念相異之處，若是發生與平常不同的風吹草動，就可以快速反應狀況有異，作出比較。

一個人一天能記憶「七個區域整合」

12

每天只要有七個收穫就很值得！

　　我常跟學生說一天只要有七個收穫，今天就很值得。人的大腦一天可以記憶的容量有限，貪多無益、過少浪費，做個比喻：假設每天我們的腦袋就像個隨身碟，有七個單位的容量，根據個別差異，能被記憶的質與量因人而異，會記入腦袋的內容，是被我們篩選過的，可能是課業的學問知識、家人相處的瑣事、同學相處的細節、社團新學的能力……等等。

　　七個單位的記憶容量要有效應用，才能有效率記下重要的資訊，以下是我的建議。

有意識的篩選資訊

　　每天的生活都有不同的劇情上演，產生了各式各樣的資訊，而這些資訊就會被挑選進入記憶，人是具有情感的動物，越感興趣的內容，越能夠記得，例如喜歡的韓星何時生日、何時發生過影響重大的事件、什麼時間要來台灣、他在哪些節目說過哪些重要的名言……等等，這些資

訊進入歌迷的腦袋中，真是不費吹灰之力。

我們對生活中感興趣的事物都能很快地變成記憶，可是攸關學業內容的記憶，卻反而因為內容繁雜不易記住。所以我們能夠記住韓星的特質，是因為高度興趣而反覆接觸，於是我們可用這個方法換成是記憶歷史中某個重要人物的生平，甚至其他學科。

所以，選擇關鍵的事物記憶，用簡短的字句寫在筆記中或以圖像連結記憶，透過不停地翻閱，腦袋的記憶就能不停連結重要的學習內容。

大腦的記憶空間，要有效選擇資訊輕重存取，以創造最大效益。

腦力承擔指數

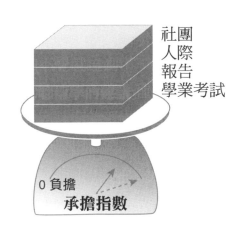

一個人每天最多只能思考七件重要事情，稱為「最大負載量」，不應在瑣碎事務上負擔過多。

社團
人際
報告
學業考試

0 負擔
承擔指數

記憶三個一單位勝過記憶七個半單位

假設一個房子有七個房間，七個房間都需要打掃，A採取的方法是每天把每一間都稍微整理一點，B則選擇先

把其中三間徹底打掃好，你認為哪一個感覺有成就感，而且較有動力繼續打掃下去？答案無庸置疑是 B 吧！

　　類比到學習的狀態，很多學生不是不認真，而是往往唸到疲於應付，卻還是不見成績起色，部分原因在於為了應付大小考試的轟炸，每每囫圇吞棗，東唸一點、西記一些，讀的全部都是斷簡殘篇，不成體系，這種情況不但浪費時間，記憶內容考完即忘，無助於段考或是更久之後的升大學考試。所以，請依自身能力範圍，做適當取捨，唸不完的就往後排，找時間補齊該唸的內容，不為了過多的小考盲目唸書，當下決定要好好消化記憶的內容，就請專注、有系統地完整記憶，這才對長遠程度建立有益。

課業學習佔八成。還有家庭、人際、社團、娛樂⋯⋯等等剩兩成，怎麼運用腦內七大儲存空間，極為重要。

學業、考試、報告⋯⋯

儲存檔案時，沒有足夠的時間存取，就關閉視窗，之後要開啟它，發現有檔案名稱存在，卻無法開啟，顯示內容遺失的視窗，告訴你囫圇吞棗無用，浪費了記憶體，卻沒留下資料內容，只好摸摸鼻子砍掉重練。

他可以唸書也玩社團，
我卻唸書社團蠟燭兩頭燒
唸書和興趣平衡兼顧，創造良好循環

13

社團的參與是可以讓高中生活增添色彩的過程，只是需要適時調整所花費的心力與時間。若是因小失大，社團玩過頭疲於奔命，而學業也沒有顧好，造成功課一落千丈，真的划不來。所以在選擇社團時要考慮兩個因素：自我掌控的能力與社團參與的強制性。

參與社團可以學習的能力

★ 領導與協調能力

社團活動都是以學生為主體，在籌辦活動的過程中，可以學習到與人溝通、意見交流、決策能力的培養，面對問題時該如何處理等等，可以訓練領導與協調各種人事物的能力。

★ 團體合作

社團中的幹部，常需要定期開會討論，交換對於社團經營的意見。參與團體生活，能逐漸學習當面對眾人之事時，該有的團體合作、合群，以及如何妥善解決情緒性衝突。

★ 課程以外的學問

　　除了升學考科之外，學問是無窮無盡的，社團提供學生升學以外的能力。例如法語社就能夠學習除了英文之外的第二外語；美術社能夠學習美的鑑賞力與練習藝術創作；熱舞社可以練習肢體語言，利用舞蹈與觀眾溝通。不同類型的社團都能學習到該領域的內涵。

良好社團互動

自我課外
學習
興趣→專長

同時課外
交流人際
溝通

培養
個性
活潑

建立快樂而能刺激唸書
（可維持）

課業、社團與人際關係建立良好互動，生活圈有交集，各方面都可有效率經營，建立良好循環。

不良社團互動

時間
負擔
體力消耗
造成課業不佳

同時人際
互動過多
產生困擾

事務繁忙
反成壓力

參與反成痛苦
（應退出）

課業、社團與人際關係無互動，生活圈幾乎無交集，必須花很多的時間經營各方面。

雖然社團樂趣多、學習內容大多輕鬆有趣，但是若時間上缺乏控管，或是人際互動影響正常生活，都是反而產生困擾的原因！所以，社團猶如一刀兩刃，同學要抓準方向，假如因為得到社團的小樂趣，卻失去升學考名校的能力，這樣「偷得一隻雞，賠上一頭牛」，反而得不償失。以下三點是參加社團時需要注意的地方，在此提醒各位同學。

自我掌控的能力

　　自我掌控的能力即是時間管控能力、唸書的效率與隨機應變的能力。在選擇社團時，可以選擇全心參與或部分參與，基本上還是鼓勵每個人都要試著去培養興趣，因為參與社團活動，也可以藉由活動中與同儕相處，一起籌劃舉辦活動，學習在團體中建立關係，甚至培養成為終身的興趣，或是未來職業興趣的開端。

　　建議可以在高一上以三次段考做為檢視，檢視自己每次段考的分數表現與社團投入時間多寡兩個因素來評估利弊得失。例如：甲學生的三次段考成績中上，都能維持班上排名十到十五名左右，但是參加熱舞社團表現優異，每每校內外比賽都奪得名次，參與社團的投入，對他帶來成就感與快樂，而且在眾人面前表現大方，個性態度變得活潑積極，重視活動練習，卻也更珍惜讀書的時間。這樣升學成績與社團活動都有所獲得，選擇參與社團是加分的。

社團參與的強制性

校園中的社團分為興趣性社團與校隊性社團。興趣性的社團除了下學期有成果發表外，大部分社團課程時間較為固定，如果一週不會超過五小時，這樣的時間對於培養一個興趣是允許的，且對課業影響較小。但如果是參加校隊性社團，例如：儀隊、樂隊、體育校隊……等社團，每天有例行的訓練，假日也要投入時間練習，在表演或比賽前更要加強練習，可能連午餐、午睡時間都拿來加強練習，那麼只有兩種人適合參加這類社團，一為動心忍性、自律甚高，課業表現在父母與自己設定的預期之內的人；二是將來以體育、舞蹈、音樂……等專業為升學走向的人，這樣是在替未來投資的狀態下進行的人，參與強制性高的社團才不至於因為過度頻繁的訓練，忘了升學是未來最需要投資，就像身上只有四千元，卻把一半花費在沒有生產價值的事情上，忘記除了回報以外，儲蓄也是替未來著想的一種。

學習拒絕的藝術

在時間允許與可顧及課業的情況下，就可以認真盡興參與活動，但如果有過多的聚會與沒有效率的討論，甚至浪費週末假日唸書的時間，或是其他人不做、推諉的事務突然落到自己身上，這時候請衡量本身的狀況，心有餘

力可以負擔一些，若是發現會犧牲掉過多的唸書時間，請勇敢、委婉地說「不」！

　　請同學以「80/20 法則」，試著花 20％的心力在社團上，把 80％的心力放在課業上。參與社團的同學，是培養自我興趣，興趣能夠帶來快樂，而感受快樂能了解自我，也能在未來選擇校系與職業，能夠分辨自己興趣傾向。懂得這個感覺後，試著移轉到課業上，也能更珍惜、更專注於課業。假如因私害公，參與社團反而讓成績變差、無法專心在課業上，就應該立刻停止！要當機立斷。

學生檔案 2 陳厚廷

就讀高中
國立師範大學附屬高級中學 一〇二年九月升高中二年級

　　厚廷的高一下學期數學平均九十八分。不論段考數學考題難易，他總能維持九十幾分，成績穩定。可能你會認為說他是天資優異，所以能夠輕輕鬆鬆穩拿高分，誰能想像他在剛就讀高一時，是個考許多科目就會緊張到失常的學生。針對他會緊張的情況，我請他常來討論數學，利用一來一往的討論訓練膽量，快問快答的方式訓練思維能力，他逐漸能夠輕鬆自然地與人對答，解題反應與溝通技巧越來越熟練。

　　數學問答只是初階練習，接下來我給他另一個進階的膽量訓練，以備將來在升大學面試時，能夠從容地與教授應答，所以我建議他試著找「陌生人」說話，這當然不是要他隨意搭訕路人，而是藉由在日常生活中製造對談機會，例如：到便利商

店買杯咖啡時，只需要跟店員說：「一杯大杯冰拿鐵，不加糖。」就能夠結束對話。但是，我訓練他試著把對話加長，改成說：「小姐／先生，我需要一杯大杯冰拿鐵，不加糖，謝謝！」當店內不忙時，可以製造問句與店員交談，延長對話時間，接著說：「不好意思，請問一下，榛果拿鐵和布蕾拿鐵這兩個口味有什麼差別？哪個比較受歡迎？下次我可以嘗試！」這樣能夠增加與陌生店員交談的機會，經由這樣的經驗，增加他的膽量而不易緊張。

訓練答題膽子外，為了維持靈活的思考，除了每週會有數學小考的練習外，段考前兩週，我建議厚廷要找老師拿三到五年的歷屆段考考古題演練。因為小考主要針對小範圍測驗，而段考是大範圍的出題，重視的是整個章節是否融會貫通，出題題型變化大。所以建議厚廷需要大量閱題，避免段考因為題目題型多變，不熟悉而造成腦袋空白無法解題。由於厚廷成功做到這點，才能在段考中，班平均只有五十四分，他竟然考到九十分以上。

厚廷掌握了數學的學習方法，而且也擅長文科，除了在班上名列前茅，更在師大附中校排名前 1%。高一的他因為參加社團，佔用不少唸書的時間，成績開始起伏。當他發現問題，明白唸書需要時間，經過思考後，發現學業與社團對他而言無法兼顧，所以選擇放棄社團，專心唸書。

厚廷的成功經驗，值得學習的是

1. 利用數學對答以及交談練習，克服了長久以來緊張的問題。
2. 了解週考與段考出題趨勢不同，段考前一定練習歷屆段考試題，增加思考靈活度。
3. 發現時間分配問題時，當機立斷有所取捨，展現過人的魄力。

◎放膽嘗試不畏懼，設定目標不回頭！

討厭的科目＋教不好的老師，該如何讀好、考好？

是科目討厭你嗎？還是你討厭科目？

14

　　相信大家可能遇過以下這種很受學生歡迎的老師：

　　「A老師上課簡單易懂又風趣，每次上課都很期待！」

　　「B老師每次舉例都很特別，上課穿插心理測驗或笑話，為我們提振精神。」

　　「C老師英文發音好標準，簡直像外國人，怎麼樣才能像C老師講得一樣好？」

　　同樣也可能遇過下列這種不太喜歡的老師：

　　「A老師講話好小聲又有口音，每次上課都聽不懂在說什麼。」

　　「B老師是導師，上課花時間教訓班級整潔、秩序的事情都佔半節課，哪有時間上課？」

　　「C老師每次上課就是照著課本唸，聲音平板又不舉例，整節課都想睡覺。」

　　根據教育心理學，老師的授課分為以下三類：

　　「注意式教學」、「集中式教學」與「意識式教學」。

	注意式教學	集中式教學	意識式教學
老師引導學生思考的頻率	少	次之	高
老師特性	嚴厲且一板一眼	重單向講授	重提問刺激思考
教學呈現方式	教學教條化，學生填鴨被動接受，教學模式教條化	重要關鍵可以凸顯，但部分整理略嫌片段	整節課首尾相連，具有流暢感，上課具有畫面感
學生聽課感受	只唸課本、唸詳解、重點畫線，有教等於沒教	課外知識引起樂趣，但課內重點無法掌握學習動力	教學內容以圖表整理，歸納整理，並以有趣的方式將課程內容串聯，重點易懂，可進入長期記憶
聽懂效率（五分為滿分）	二	三	四～五
記憶的持續時間	一～二天	三～七天	七天以上

　　一堂好的課程是能在教學進行中，讓整間教室的氛圍充滿活力，而且以互動提問的刺激，讓學生時時保持著腦袋的思考，不易分心或疲累。而教學中的整理，應該簡單扼要，幫助同學在課堂上即時記憶，並且加上貼近生活的實例，讓師生間保持共鳴，整堂課程細節如同拍電影的分鏡呈現一般，有畫面感與溫度感，課程的節奏就會很明快，幫助學生提高學習效率。

學生對於科目的喜好程度與師生互動情況可以分為下列四種狀況。

是喜歡的科目且與老師有共鳴感

「這堂課的時間，這麼快就過完了！」

「老師，關於剛才的問題，我是……這樣想的，你覺得這樣解釋好嗎？」

「我最喜歡○○科目，所以今天回家先複習○○科目。」

有些科目讓你讀來愛不釋手，不忍釋卷，加上老師授課方式讓你課堂上就能吸收並且思考，讓你樂意花時間去釐清概念，讀懂後能獲得極大的滿足感。如果想朝向更好的境界提升，就必須得到伯樂的協助——就是這堂課的授課老師，向他勤於請教，在學習上更深更廣，甚至可以延伸至課程之外。

是喜歡的科目但與老師有距離感

「我很喜歡○○科目，只是成績總是無法提升。」

「對於老師上課的內容，我大概知道課程的重點，但是許多細節我都還要花不少時間釐清。」

「每次想找老師問問題，但後來總不了了之，就沒問了。」

對喜歡的科目，成績沒有顯著表現，卻還是能夠持續喜歡的感覺，實屬難能可貴。這時候我強烈建議，一定要想辦法讓成績表現上升，因為喜歡又有分數的成就感，

是把學科學好的不二法門。所以，試著與老師討論你的學習狀況或考試的瓶頸，如果真的無法與老師討論，就找個補習班或家教吧！補習班可以經過挑選找到適合自己的老師，而家教是一對一的模式，唯有充分討論學習狀況，才有辦法建立成就感。

是討厭的科目但與老師有共鳴感

「為什麼要有這一個科目呢？以後又不一定用得到⋯⋯」

「老師上課很有趣，可是唸書時常常避開這一科！」

與上課老師有共鳴，但是自己唸書又無法掌握，或是自己對這個科目實在沒有動力時，「按表操課、請教討論」是很重要的。因為唸書需要有時間節奏，所以與老師討論唸書方式，並持續努力一段時間，定時請老師督導，時時請教討論，維持讀這個科目的節奏，才能避免自己摸索而漸漸缺乏興趣。

是討厭的科目且與老師有距離感

「又要上○○課了 ?! 覺得好煩。」

「老師上課又聽不懂，這節課真的很無聊！」

這個狀況是最不好的情況，也讓學生最容易放棄該項科目，先弄清楚自己是因為不喜歡老師造成自己學習興趣與動力低落，還是因為真的在學習科目本身遭遇很大的挫折感，而無法將學科學好。這樣的狀況持續越久，程度

差距會越來越大，強烈建議去找補習班或是家教，去改變對科目的好惡影響學習的狀況，並且找尋這個科目的引領者，逐步學好這個科目。

國、高中階段的學習，學生的成績優異與否，或是學習動力的強弱，與該科目老師的評價有正相關。所以，教學者應該重視教學品質，也要很注意學生的反應，課堂上的反應就是最直接的回饋。注意學生的學習狀況，適時調整上課的氣氛與節奏。「老師」這個角色，有十分重大的使命與責任感，上課品質關乎學生成就感高低，不應怠慢。

我也想提醒許多學生們，不要局限於對老師的好惡，而抹煞自己學習的熱情。平心靜氣地思考自己學習遇到的問題，能否得到成就感，最終還是在個人的努力。

學生檔案 3 林容

就讀高中	就讀大學校系
台北市立 景美高級中學	國立台灣大學政治學系 一〇二年九月升大學一年級

林容在就讀景美女中時，成績就名列前茅，常是第一類組的狀元，家中是政治世家，耳濡目染之下，自己也就決定了未來志業，想從事與政治有關的職業，所以選擇了台大政治為第一志願，與其他文組學生第一志願會選擇法學院的法律系或商學院的財經系不太相同。

對於林容而言，文科的學習大致上都沒有問題，自己唸來

得心應手，有問題找老師討論，通常都能輕鬆解開疑惑。但是自從高二分組起就沒有太多時間著墨的自然科，反而擔心成為在考學測時會面臨的不定時炸彈。她在高二上思考到這個問題，主動找我討論，針對她的想法，我提出了兩個建議，第一是自我評估後，如果自然科的基本底子還在，只是解題有問題，無法應用自如，就找個有經驗的自然科家教輔助，針對個人問題一對一的討論是最快的進步方式。第二是如果發現自己連自然科基本的概念都模糊不清，課本都看不懂，這時應該找個授課架構完整的補習班課程，從基本架構學起，是比較恰當的方式。還好她高一時唸書的基本功下得深，後來選擇第一種方式，尋找家教協助解答自然科的問題。

　　林容是一個踏實的孩子，所以從小的心力都放在唸書上，盡好自己的責任，在考試上都有良好表現，果然在學測考出了優異的級分。但是，升大學除了紙筆測驗這個關卡之外，採取申請這個途徑入學，還有第二階段的面試考驗，面試需要在一問一答間，讓教授認識你，再者可能會問及申請科系所需的基本專業知識，好的臨場反應是很重要的，所以，在準備面試前的兩個月，我協助學生進行模擬面試的練習，並訓練臨場反應與學生自己申請的校系需要具備的背景常識或知識，以減低他們的緊張感，並教導應答技巧，而林容也一起參與面試練習，修正了普遍學生會面臨的問題，補充了許多政治相關的時事，並尋找自己關心的議題深入研究。將近一個多月，我協助她密集的訓練，跨越了對政治時事不甚了解、模擬面試緊張不安的過程後，現在她是快樂的台大政治大一新鮮人。

林容的成功經驗，值得學習的是

1. 家庭背景的耳濡目染，是未來選填志願的重要參考。

2. 文組學生在面臨學測，需要考自然考科，要有自我緊張意識，讓自然科也維持在一定程度，可以選擇家教或上補習課程協助學習。

3. 採用申請途徑進入大學，口語表達是重要的，還需具備對相關科系的知識理解，考前密集練習固然好，若是平日就開始關心與練習，表現更能出類拔萃。

4. 若本來是表現八十分的強者，剩下的二十分光靠自己悶頭苦拚，是很耗費時間的，找到對的老師指點十分重要，無疑如虎添翼，進步神速，發揮百分百的完美表現。

◎克服常人難以速成的口才培養，達成心中理想。

為何週考考得好，段考卻連連失常滑鐵盧？

針對不同的考試範圍進度規劃的最佳準則

15

高中學習量與國中差距很大，學習方式與準備週考的安排也完全不同。在這個情況下，如何透過考試自我檢測學習狀況是很重要的。

檢測分式

學校或老師會排定週考 ┤ 小範圍隨堂小考
大範圍章節測驗卷

學校或老師不排定週考時，就要懂得自我測驗

週考的目的在於測驗學習的效率與成果，是為了段考預先做準備。所以懂得利用週考檢視自我學習狀況是非常有用的。

自我練習週考

分類	特色	備註
小範圍隨堂小考	●題數少 ●考題偏重部分概念 ●多為教師出題，有其偏好	●堂堂都考型：上課請認真聽清楚老師交代的重點。 ●臨時抽考型：平時需要定期複習，最好每次上課就把當天所學理解。
大範圍章節測驗卷	●題數多 ●考題平均分配章節概念 ●具有鑑別度，可做為段考前導測驗	需要將考卷收納清楚，務必訂正完整，以一次段考為整理的週期，段考前務必把錯誤題目訂正並看過一次以上。

★ 週考的種類大致可分為以下兩種。

　　若該科很少進行週考，請一定要自己練習週考，我的建議如下：

● 考試頻率：國、英、數三科主科務必一週作兩次自我測驗，其他科目一週一次。

● 考試時間：四十到五十分鐘為限。

● 考試試題：以章節出題完整的題本或是配合段考進度編排的題本為佳。

★ 自我練習最忌諱下列事項：

● 沒有唸就練習：因為容易憑直覺猜題，通常效果有限，不易有幫助。

● 每練習一題就立刻確認答案：一邊練習一邊對答案不易呈現考試的緊張感。應該測驗完整份考題後再對答案，計算成績，明白自己的學習狀態，並請教老師。

● 寫考題要限定時間：正式大考都有時間限制，平日練習有限時，才能知道緊張感對於考試的影響程度多寡以及時間分配，所以限定時間寫考卷是重要的。

　　同學一定會有疑問，為什麼要小考？上課聽懂不夠嗎？小考最重要的目的是「重複刺激，加快反應」。日本科學家對蝸牛進行實驗，蝸牛的腦細胞數量約有十萬個，而人類的腦細胞約有十億個，反應速率慢於人類，於是科學家對牠們進行實驗，使用糖水與鹽水反覆刺激，剛開始蝸牛反應喝到不同流質時間大約需要三十秒，後來反覆刺激訓練後只需十五秒！反應時間大大提升。所以由這個例子告訴我們，重複刺激是可以讓反應變好的，並且能夠提升記憶的量。

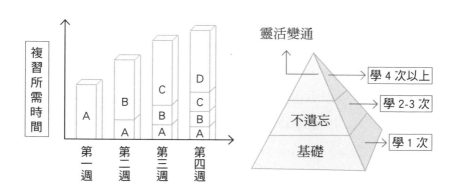

不斷溫故知新，能越學越輕鬆，程度累積越快速

怎麼考好段考？

　　段考的範圍大，考題散佈在所學的各個章節中，甚至結合跨年級的概念來出題，學生如果使用片段的學習方式，失常的可能性會大幅提高，而且段考一次佔了一學期大約三分之一的比重，心理的重視程度不同於小考，且同一時間全校一起考試的謹慎感，會造成緊張。所以，有下列幾個建議：

★ 培養強科優於科科中上

　　如能科科都強，實為人上人。

　　但是想要科科都強，許多人往往取捨錯誤，即使有唸書還是無法讓分數提升。所以，假設段考的科目有五科，就應該先讓三科站穩腳步並高分，完成後再提升另外兩科。

★ 學習要成交織網狀

　　點狀、片段學習只能應付隨堂小考，到了段考大範圍的狀況下，往往會無法將觀念首尾相繫連成一氣，所以網狀學習的建立是重要的。網狀學習就是假設有五小節在這一章，在讀第二節要快算掃描過第一節，讀第三節要快速掃描過第一與第二節，像是：A、AB、ABC、ABCD……的節奏，依此類推，這樣可以幫助觀念澄清，類似概念也能比較清楚，並可以由先前所學建立基礎，再快速延伸，層層累積，堆疊出金字塔般的學習效果。

★ 先求熟練，再求廣度

　　每次段考相隔大約五到六週的時間，前三到四週應

該充分學習，將觀念熟讀，注重細節，比較差異。考前一到兩週則是以重點、考題式的整體複習為主，而這部分必須先有之前的基礎才能完成。

而文科與理科的學習要加強廣度的方式有所不同。文科主要重於單點概念熟練，再由彼此因果關係、時間先後等因素單點彼此串聯，縱橫成線再成面狀學習；而理科是有相似連結的理論與公式，由不同角度切入，好比數學直線、向量與平面課程都有交集。所以，學習完整章節後取其「聯集」來記憶，增加學習廣度。熟練之後，繼續不斷挖掘，擴充自己學問之海的廣度與深度。

文科與理科的擴散學習圖

1.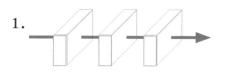

1. 觀念如同推骨牌：一個倒下才有下一個，一個觀念弄懂才有下一個。

2. 文科：單節獨立，隨時可重新學起。

3. 理科：環環相扣，觀念如有遺漏，題目不易解出。

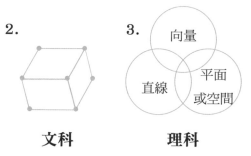

2. 文科

3. 向量　直線　平面或空間　理科

● 多讀才能融會貫通
● 觀念串聯比較清楚，能連動思考
● 透過老師的教學能力，協助歸納統整

★ 盡可能要求不貳過

考卷的訂正與再度翻閱是幫助相同概念不貳過的方法。

有條理整理考卷有助於將易錯的觀念釐清。有些學生甚至會整理錯誤的題目，記錄在記事本裡，附註說明自己的錯誤點，這樣能在複習時，快速提醒該特別注意的重點。

★ 務必演練考古題

考古題就是老師抓題的重點，而且出題方向屬於全面性統整出題，與週考時練習小單元考卷的題型大不相同。所以，請主動在段考前兩到三週找各科老師拿兩到三年前的考古題自我模擬，使用少於段考時間十到十五分鐘的時間作答，以增加反應速度與答題的臨場感。

學生檔案 4 張軒翊

就讀高中	就讀大學校系
台北市立 大同高級中學	國立台灣大學財務金融學系 一〇二年九月升大學一年級

軒翊在校內成績排名中上，各科成績大致排在前十名，本來希望以學測成績申請大學，但最後成績不如預期，尤其在數學這科，目標設定在十五級分，但沒有達成，為之扼腕。痛定思痛後，他決定再努力半年，以指定考科分數分發入學。

在幫助軒翊解題時，討論問題後，我終於找到他無法晉升前三名的原因：觀念理解不全。他很認真，寫遍題本，遇到問題埋頭苦幹，自己依照詳解摸索。願意主動研究詳解是好習慣，但當我詢問題目概念與答題重點，他能疾筆振書寫下算式，口頭說明卻無法表達完整，概念也有所缺漏。這時我建議

他一定要找人討論數學，利用在解題時一問一答的時間，整理思考邏輯，澄清似是而非的概念。問答的刺激，可使腦袋轉速變敏捷，答題反應時間縮短，激盪出能量，可以把中上的學生推向頂尖。

經過修正，軒翊開始踏實地理解概念，不再使用硬記強吞的方式訂正題目，會挪出時間找人討論，澄清概念，在問答一來一往間，漸漸發現以往自己對於寫數學時變化題型的遲疑，轉變為研究數學的樂趣，寫到不懂的題目，反而覺得是挑戰，不懂處找老師深入提問，建立扎扎實實的解題概念與信心。

另外我還發現軒翊唸書有個習慣，當發現自己某一個科目觀念較弱或是一週之內考某科的次數較多時，會投入一整週的時間唸同一個科目，例如這週為數學週，下週是物理週。整週專心投入一科，反而疏於其他科目，每次要再重新複習另外的科目，暖機時間總要特別久，才能再抓到唸該科的題感。我比喻這樣的唸書方式，就像今天去找醫生看診，醫生開了三天份的藥，交代一天服藥四次，十二次完成療程，病人心想：「不就是三天內要吃十二次藥。」為了快點痊癒，心想乾脆一次把三天藥量吃完，應該比較快痊癒。我們都知道，這種狀況會因服藥過量，不但沒有藥到病除，還可能提早見到上帝或菩薩。唸書需要定時定量，重複刺激，所以在分配唸書時間時，一個科目應該兩天要排一次複習，重複刺激增強對於學科的熟悉度，等到對科目熟悉度提升，答題成反射時，再視情況調整唸書頻率。

經過半年，找到有經驗的老師討論唸書需要微調的細節，加上背水一戰的心理提升了軒翊修正問題的速度，確實善問、理解與妥善分配唸書比重，成績大幅提升，進入人人稱羨的台大財經就讀。

軒翊的成功經驗，值得學習的是

1. 藉由數學討論問答，釐清概念，比起強記詳解，更能使成績大突破。

2. 唸書頻率最好是兩、三天能夠溫習一次，多次重複，穩定對科目的熟悉度。

3. 成績中上的學生基本唸書有一定程度，只需微調習慣或想法，就能晉升頂尖之列，需要有經驗的老師協助翻身，主動與老師討論，實踐調整方法，方能鯉躍龍門。

◎放下聰明身段，務實力求甚解，能得到更多！

為何有人能每科兼顧，你卻疲於奔命顧不來？

16

讓每一科都平均提升的小撇步

班上前三名大概都能科科兼顧，這樣的學生有幾項共同特色：

● 某一科到兩科超前學習，甚至已經超越當前年級的程度。

● 自律甚嚴，能夠自己主動規劃規律的唸書節奏，不輕易受外界影響。

● 天生資質優異，記憶力或理解力特強，除了模仿學習之外，記憶與分析比較能同時啟動。

若想科科兼顧，大致可朝下列兩個方向邁進。

抓到考點，不重複

國小、國中到高中的學習方式是不同的，國小概念單一且重視重複演練，主要以訓練記憶與實際運用為主；國中概念與重複演練比重各半，所學開始可延伸，概念理解需要花時間；高中學習概念為重，能夠由概念的分析與比較相似或相異的概念彼此關聯性，建立分析思考能力。

高中學習一個概念不用重複很多次，即使是混合概

念的題型,也應該是練習挑選關鍵破題。建議完整理解概念來源、如何記憶或使用、會產生的陷阱與比較相似觀念避免混淆⋯⋯等。

時間分配有計畫,適度取捨保持彈性

	社會組	自然組
高一	一週自由分配唸書時間三十小時	
高二	二十五小時	二十小時
高三	二十小時	十五小時
唸書重點提醒	國、英、數三科,三擇二重點增強。	數、物、化三科,三擇二重點增強。國、英兩科,二擇一重點增強。

　　唸書的時間是有限的,所以對於社會組與自然組主科需要增強的提醒如上,年級越高所能運用的唸書時間就越少。懂得分配時間是重要的,學期中主要將重點科目補強,讓拿手的科目磨練更光亮。而在寒假期間,安排時間將不夠強的科目逐漸補強。

科科兼顧的秘訣

- 高一首重國文、英文、數學三個主科，朝向班上前三到五名努力。
- 讀書要融會貫通、準備考試要學會抓到考點、考場解題要學會分析題目。
- 假日才是搶分重點，整段唸書時間不偷閒，完整週末與寒暑假不過度鬆懈，安排計畫複習與加強弱科。

學生檔案 5 陳昭邑

就讀高中
台北市立第一女子高級中學 一〇二年九月升高中三年級

　　誰說理科好是男生的專利？昭邑的英雌本色，不讓鬚眉，在高手林立的北一女中，數學段考成績屢創佳績，甚至一百分，名列前茅，是邏輯思考相當敏捷清楚的理科學生，卻也不失女生的細膩。

　　數學計算快速，是她具備的優勢，思考清晰完整，而且不局限固定解法的模式，除了上課詳細聽老師的解題重點外，更會自己找第二、第三種解題方式，等於再度驗算一次老師的答案，這樣她學習數學有兩套以上的方法。而且，會主動在事後與老師討論自己的算法，確認自己的思考脈絡正確，不是碰巧算對的。此外，她抄寫筆記的速度與抓重點摘要的能力極佳，會把老師所教與自己的思考都記下來，留下工整過程，方便日後複習使用，更是她異於一般同學的優點。

數學與物理的學習模式相似，所以她的物理成績也是一等一。當下學會，馬上吸收，不滿足一套做法，重新思考問題，尋找其他解題方式，踏實地動筆記錄過程，是她學習理科重要的優勢。

昭邑的成功經驗，值得學習的是

1. 思考敏捷外，更能多元的思考解題過程，聽課之中，不停地思考，有效率地找出自己將理科學好的方式。
2. 工整的筆記，記錄下老師與自己兩套以上的解題方式，複習有系統。

◎一分思維，兩份邏輯；一分努力，兩份收穫。

買了一堆參考書寫不完，選對書一本就能打天下！

如何選擇適合自己的工具書、教科書

17

坊間參考書、講義、補充教材漫天飛舞，總讓人目眩神迷，不知道該挑選什麼講義才好。我要先提醒大家，課本就是基礎，一切延伸出來的參考書、講義、補充教材內容都源自於課本，所以確認課本的所有概念與內容是否理解，是第一要務。即使課本內容再簡單，還是要先翻閱了解；第二，再挑選有表格比較、分析舉例清楚、補充重要延伸的講義，可以將課本所學加深與加廣；第三，是題型必須豐富，能訓練解題技巧、加快解題速度。

根據高中三年唸書方向的不同，對於選用的唸書的材料也有所不同：

學習資料

多數高中除了課本之外，各個學科老師大多都會一

同彙編一冊學習資料，如果學校提供的資料完整而且條理清楚，其實不用再多挑選書籍閱讀。

參考講義

　　好的參考講義可以一目了然所有重點整理，利用圖表統整可清楚整理脈絡，且搭配完整的題目包含因應不同考試狀況設計的題型，小至隨堂考、週考，延伸至段考，或是模擬學測或是指定考科的題型，都應該收編在參考書籍內，並有完整詳解可以自己閱讀。

不同年級的選擇標準

高一

　　高一基礎課程主要以扎根為主，所唸資料需要精熟，不宜過度廣泛，一方面也是在建立高中的學習模式，起步宜扎實。

高二

　　高二要經由自己的學習狀況進行篩選參考書籍，此時已經分組，要建立強科除了老師授課講義之外，另外多加一本優質講義延伸自己所學的深度。通常國、英、數成績要維持在全班前三名，都會讀兩、三套資料。

高三

　　高三是要面臨大考將近的一年，參考書籍不宜過多過雜，以準備學測為主選擇參考書籍，國、英、數、自、社五科各一本即可。自然考科為四合一的學測考科，即生物、地科、物理、化學四科綜合出題，依照往年學生使用

參考書籍經驗，若是買分科單冊，一共四大本，其實到最後根本唸不完，考完學測，有幾本還像新的一樣，所以建議社會考科與自然考科應該買「多科合一冊」的參考書籍為佳。

參考書籍重點在大考考試題型的模擬與重點概念整理，有些參考書籍考題偏重還是小考、期中考題型，就不宜挑選。切記要挑選符合針對學力測驗或指定考科大考出題方向的書籍，小考概念的題型，不適合高三！

如何選擇參考書籍？

1. 版面配置要適切舒服

挑選參考書籍時，版面配置要舒服，花個一分鐘左右試著閱讀看看，若發現行距過小或是閱讀不易、說明方式艱深難懂、文字說明沒有利用圖表加強……等狀況，就建議多看幾本，再挑選最佳的排版。

2. 重點與考題要符合所需

針對不同年級有不同需求，高一重視提綱挈領，幫助進入高中的唸書暖身；高二重視適度延伸，對擅長科目除了基礎練習外還能加強；高三重視考題以針對學力測驗或指定考科趨勢編寫，要找有統整、綜合分析為主要重點。當然每個人適合練習的強弱也有所不同，可以自行選擇練習的強度。

3. 厚薄適中攜帶方便

一天八堂課，需要攜帶的書籍已經很多了，如果參

考書籍還重得像大部頭字典一般，那更無法帶出門練習。高三挑選重點整理合併考題練習的書籍不宜過厚，針對大考趨勢重點整理較佳。如果有唸不完的顧慮，可先詳細唸完一本，再挑選另一本。

4. 大考考題需有跨章節題型練習

高三因應大考考題，勢必要有跨章節的練習題型，尤其數理更是如此。因為兩年的內容也許在課程編排是分開不同章冊，但是基礎概念上彼此有相關，大考會混合出題。而且社會科可能也會有不同朝代比較、不同氣候比較的考題類型，也是會跨章節綜合出題。

作業報告難完成，
小考無數難應付，該怎麼辦？
有 80% 學生週考考完就遺忘內容！

18

　　推動多元評量的現在，高中生的作業方式開始多樣化，但學科測驗成績仍是整體成績評量的大宗。

　　常有學生放錯焦點，在課程的報告花太多時間，如果報告的成績比重高，認真投入倒無妨，最怕是做一整個星期的報告，佔學期成績不到 5%，根本沒有顧到測驗成績，抓錯重點施力，白白浪費心力。

　　過多的小考造成時間分配壓力大，適當比例為國、英、數主科每週考試以一週兩次為限、其餘科目以一週一次為限，在上述頻率內的考試次數，應該都盡心準備。若老師考試有固定週期，能夠提早準備或是上課當下盡可能熟記內容，就能減輕事後準備的辛苦。

　　若是考試過多，就要懂得取捨！沒有完整熟讀，除了考試後將不熟的內容訂正弄懂，檢視唸書效果，就以準備好的題目衡量，這時整張考卷的成績不是重點，而是準備完整的部分的答對比例，為檢視這張考卷成績優劣的依據。不要為了報告或小考任意熬夜，因為熬夜無助於考試的長

	課業要求與特色
一般學生	●若課程需要報告，佔學期成績比重輕，時間許可鼓勵投入做好報告，是學科測驗外的良好學習經驗，若心力無法負荷，建議先求有報告可交，再求能交出一個好報告。 ●如果真的遇到期中考與報告衝突的狀況，衡量好自己的時間，事前與老師溝通，是否可以延後報告繳交時間於期中考後。 ●詢問學長姐的經驗，或參考往年學長姐交報告的內容與形式，也詢問老師要求報告的重點為何，有效率完成報告。
語文或數理資優班	語文資優班重視報告；數理資優班重視實驗。這兩者都需要花心力與時間投入，且佔課程計分比重高，需要投入完成報告與實驗，會是這類班級的學生多是興趣在此，多加培養對語文或數理的專長，所學內容與深度會比其他同學提高許多。只是最後仍需回歸學力測驗與指定考科與其他考生競爭，所以要注意各科的學習均衡。
特殊專長術科班	如：體育班、美術班、音樂班 ●術科課程會佔到學習時間 1/3 到 1/2 不等，且課後的自我練習十分重要，因為專長是注重個人化的練習與投入，課餘還會延伸練習或上課，術科時間比重極高。 ●若專長擁有名列前茅的實力，如：參加各式比賽，且日後升學還是以專長的科系為升學目標，學科只要維持平均即可；但若有考量日後不以專長項目為升學目標，學科就必須進行自我加強，因為在術科專長班級還是首重專長的培養。

期記憶，高中生最少每天要睡足五個半到六小時才夠，很多學生熬夜唸書，通常在考試後一週有 80％的內容都會遺忘，贏了小考，輸了身體，甚至影響長期唸書的效率，無所助益。

學生檔案 6 林育輝

就讀高中	就讀大學校系
台北市立 和平高級中學	國立交通大學生命科學學系 一〇二年九月升大學一年級

　　育輝給人的印象就是中規中矩的好學生，高一雖然拙於言辭，但是該完成的作業都盡力完成，他在課業上很有自己的原則，當天回家一定完成所有作業。因為他知道不一定比別人聰明，於是，踏實地向前走是適合自己的努力方式。

　　但是在高一度過一段時間後，育輝的困擾產生了！發現不管什麼作業，他都能夠順利完成，唯獨過多的數學作業，覺得負擔沉重。好幾次都拖著疲憊的身軀，硬是打起精神完成，但是，時間一久體力無法負荷。這時他來找我討論，對於自己沒有完成學校數學作業，感覺罪惡，我發現他的學校數學作業真的太多了，題海策略是多數老師訓練學生維持數學程度的方式，但是，對於基本概念熟悉的學生，作題要精，不是大量！應該是多元題型演練，訓練反應速度與答題的膽量，所以我請他放寬心，將學校作業拿給我勾選重點題型演練即可。

　　幾次段考後，育輝都會與我討論數學段考考卷，他向我反應，寫到數學或理科的考卷他就是感到緊⋯⋯張⋯⋯得不得了，以他平常練習狀況去看段考考卷都應該有九十⋯⋯一百⋯⋯可是遇到段考當下，總會粗⋯⋯心或腦袋⋯⋯空⋯⋯

白，就變成八十或九十分，前面的點點點，可不是我誇張，他一緊張就會結巴。因此段考總是比預期少十分，我便說他是個總是少十分的十分男（難）。我以一問一答的形式，要求他快速的反應題目關鍵，試著在腦中佈局算式，動筆寫算式的速度要快但工整，這樣的方法可以幫助他建立自信、化解緊張。一個緊張十多年的男孩，要他一、兩個月就不會緊張，實在是不可能，其他人可能試了一、兩個月這個方法，感覺進步不多就放棄了！但他務實肯花工夫的個性整整嘗試了七、八個月，不僅結巴的狀況改善，整體思維敏捷度倍增，解數學題也更有自信了。

務實的他對千變萬化的生命科學系，一直很有憧憬，在學測以校內排名第二的成績，申請上清華大學、交通大學與成功大學的生命科學系。由緊張的十分男（難），蛻變成錄取名校的十分圓滿男。

育輝的成功經驗，值得學習的是

1. 數學除了題海戰術外，多元反應題型更有效率，當務實完整地完成課業超過腦力與體力負荷，懂得去蕪存菁選擇有效率的方式，也有相同效果，甚至更為卓越。

2. 訓練與人對答數學，可以建立自信，消除緊張，也建立了升大學面試的膽量。

3. 努力改變，即使進步緩慢，知道方向正確，始終堅持是育輝最可貴的精神。

4. 了解自己，探索自己真正的興趣，是每個學生在選擇志願，應該具備的審慎思考能力與為自我負責的態度。

◎牛步學習雖慢，仍是踏實前進。

19

平時三小時、放假八小時，該怎麼唸才不浪費？
切割出小單位時間分配給不同性質的科目！

A 生說：「今天放學後，和同學討論最近好玩的事情，真開心！後來又跑去操場打球，時間不知不覺過得真快，結果後來去補習來不及，連飯都沒吃就上課了……」

B 生說：「昨天星期六本來和一群同學約去速食店，決定寫功課後再去看最近熱門的電影——麵包王，結果，作業沒寫完，看電影時間就到了！都是阿朋遲到，害我們在門口等他快三十分鐘，後來不小心聊天聊太久，只看了電影卻沒寫功課，結果今天全家聚餐，拖到晚上十點才回家，明天要上課了，功課卻還沒寫完……」

C 生說：「昨晚網路上大家約好攻城，玩到兩點才睡。剛才聽課好昏沉，上什麼內容都不知道……」

上述對話，都是一些學生常見浪費時間的例子，話說：「掌握時間就能充分掌握效率」，所以，時間分配十分重要，下面就高中三個年級的時間分配建議如下：

高一

1. 一週可自由分配唸書時間約有三十小時。

2. 國、英、數三個主科務必兩天就要唸一次。

3. 週間至少要有三天晚上用來唸書；週末以六、日兩天合計約可唸十六到二十小時。週六唸書重點，將週一到週五所學完整複習一輪，尤其加強不熟與不理解的部分，若發現困難，下週二之前必須找出解決方式；週日完成當週學校交代各式作業之外，國、英、數三科要唸三個小時以上。

　　如依照此頻率的高一學生，就我的經驗而言，大約高一上第二次段考之後，就可以看出擅長的科目為何，並可以由表現不錯晉級到表現優良。

高二

1. 一週可自由分配唸書時間約有二十到二十五小時，高二有較多的社團活動與外務進行中，可能身兼幹部職務，所以唸書時間較少。

2. 社會組與自然組比重分配有所不同。
　　社會組：國、英、數三科擇兩科重點加強。
　　自然組：數、物、化三科擇兩科重點加強；另外國、英兩科擇一科重點加強。

3. 週間應空出至少兩個晚上唸書。週六唸書重點，將週一

到週五所學完整複習一輪，尤其加強不熟與不理解的部分，若發現困難，下週二之前必須找出解決方式；週日完成當週學校交代各式作業之外，國、英、數三科要唸三個小時以上。

高三

高三整體唸書方向是針對大考考科準備，學力測驗一共五科：國文、英文、數學、社會、自然，而指定考科就須看各個校系所需專業科目進行準備，請每科找對老師，了解大考趨勢，做好完善規劃，雖然高三進度緊湊，卻能在整體規劃下順利複習。

針對學測要有的準備

1. 每週各科須有固定的唸書時數，國文、英文、數學三科需要唸六到八小時；社會與自然要唸三到四小時。

2. 國文、英文、數學三個主科，兩天就唸一次。因這三科不論在學力測驗或是指定考科，甚至往後高普考或是轉學考，都很重要。要時時複習以保持唸書熱度，唸書間隔太久，會導致學習效果不連貫。

3. 綜合數個科目的社會考科與自然考科，挑選假日完整的時段唸書，由於週間較少有時間對這兩科著墨，常有社會組學生在準備考試的期間，自然考科等同沒有唸的狀態就去應考，反之亦然，這個狀況對總成績不利。學力測驗一定採計總級分，五科比重也許不同，有所準備，基本分數就會入袋，沒有唸書就應考，與

其他人差距就會拉開。就我的經驗，總有學生差一科自然科或社會科級分不夠，差個一到三級分，實在扼腕。一定要在週末空閒撥出時間，大約三到四小時研讀這兩個考科。

4. 唸書段落控制在四十到九十分鐘為一個單位，時間過短，所讀有限，印象不夠深刻；時間過長，腦力疲乏，後半段所唸內容記憶無幾。

5. 依照科目屬性大致分為重視思考分析與記憶理解的兩類唸書模式，最好可以交錯訓練，唸書科目穿插互替，讓頭腦保持在靈活轉換的狀態，例如：背誦國文五十分鐘稍作休息後，接著計算數學九十分鐘，再換成英文六十分鐘，這樣可以免去長時間研讀同一科目的疲乏感，也可訓練頭腦靈活度。

6. 要時時保持警覺，每半小時檢視自己的學習狀態，提醒自己注意是否有善用時間。你可能會碰到突然臨時有一堂空堂可自修，這時多數學生都拿來發呆或是補眠，甚至還有人拿來聊天；或是這一堂課老師上得很精采，可是自己體力不支，昏沉想睡無法吸收；或這一堂課老師混水摸魚得厲害，聽也沒用，乾脆發呆，有上述種種狀況發生，同學們要自己保持警醒，剛才半小時唸了什麼科目？記住什麼觀念？一開始一定會驚覺好多時間不自覺浪費，不斷地練習，唸書效率將會大增。

7. 讀內容：寫題目的比例要保持 6:4。很多學生每天努力唸書，可是考試成績總不盡理想，幾經詢問後，發現他

們都犯了一個毛病，唸書都用看的，不作題目。題目的問句是刺激，刺激我們將所讀消化，分析整理才能順利答題，所以，讀六十分鐘的書，請練習解題四十分鐘。

學生檔案 7 **丁一峰**

就讀高中	就讀大學校系
台北市立 和平高級中學	國立清華大學材料工程學系 一〇二年九月升大學一年級

　　男生選理組的理由，是喜歡計算多過於背誦，喜歡推理多過於記憶。然而一峰卻是具有文科優勢的理組男生文科的課本、講義、題本，甚至老師的補充講義，一峰都扎扎實實花時間理解透徹，他地毯式的精讀，是個文科底子頂尖的學生。希望以文科的強力優勢拉開與同樣為自然組同學成績的差距，讓自己不只理科精通，文科更有兩把刷子。

　　一峰的唸書習慣很規律，他認為一天大概睡五到六個小時就夠，如此分配在唸書的時間就會變多。然而問題就發生了，他寫數學與理科考卷時，無法像文科答題如此順暢，寫考卷的時間也非常匆忙，甚至考試中會突然的腦袋空白，覺得似乎能解出來的題目，卻想不出來。而且交卷後，會有強烈的疲倦感，感覺體力被掏空！聽到他這樣反應，與睡眠習慣對照，我提出建議，應該要延長睡眠時間到七個小時左右，因為他的思考力不差，反應也夠快，但是長期睡眠稍嫌不足，偷偷地消耗了體力與腦力。一開始他非常猶豫，因為隔天的考試與作業可能無法達成，但是他決定捨小得大，雖然小考無法面面俱到，但是段考總能名列前三。

另外在討論數學考卷時，發現他算式排列較為紊亂，可能不利驗算。他說自己答題時，容易因為急躁，計算過程飛來飛去，所以，我建議寫理科考卷時，讓算式工整，這樣有兩個好處，一是回頭驗算效率佳，有助於檢查的仔細度，有錯能迅速發現；二是當考試時算式紊亂，視覺影響下，緊張情緒上升，越顯急躁，錯誤的機率就升高了！

一峰擁有文科的優勢，代表他是一個心思細膩、讀書踏實的學生，然而對於理科題目過度鑽牛角尖，反倒會喪失當機立斷的答題契機。當他培養出對數理快速地分析各種方法與選擇切題要領，他就成為文理雙強的學生，學測申請上人人稱羨的清大材料。

一峰的成功經驗，值得學習的是

1. 理科男生通常文科弱，一峰建立不同的起跑點，讓文科與別人拉開分數差距成為他的優勢。
2. 理科學生通常不愛唸文科。如果能學習文科讀書方式，扎實詳讀，能避免「重理輕文」的自然組模式。
3. 養成充足睡眠時間，不讓腦袋耗損，避免疲倦感。
4. 訓練數學答題算式工整，有兩大好處：一是驗算有效率，二是避免字跡紊亂，引發緊張感。

◎鑽牛角之細，目全牛之大。

吾心信其可行也，雖移山填海之難，終有收效之期

面對挫折我的心都要沉了……該怎麼辦？

20

　　這個單元我想提一些成功的典範，與大家分享。成功之路雖不易，總會遇到人生挫折，經歷高低起伏，在所難免，每一位檯面上成功人物也都經歷了不為人知的辛酸，由他們的故事，給我們一些努力的能量與前進的方向。

二〇〇九年好萊塢片商投資回報率

未成名前不被看好，但熬過低潮找到對的方法，產生驚人的報酬率。

演員名	片商每投資 1 元回收	未成名前評價
西亞李畢夫（變形金剛）	81	錄取耶魯大學卻放棄入學，選擇往自己職涯真正有興趣的方向前進，眾人譁然。
安海瑟威（穿著 Prada 的惡魔）	64	剛出道時，被嫌棄嘴巴長得太大，臉部比例怪異。
丹尼爾雷德克里夫（哈利波特）	61	導演一開始想找迪士尼投資，卻被批評說是少男騎著掃帚的故事而被拒絕。
小勞勃道尼（鋼鐵人）	34	飾演鋼鐵人第一集前，被批評為票房毒藥，無本身代表作，而後因飾演鋼鐵人主角，創下演藝生涯的高峰。

在我的經驗中，學生最常遇到的心情瓶頸大概都是以下五種：「好沒信心喔……」「我很努力，但效果卻不成比例……」「越唸越煩！」「內容太多讀不完……」「這樣唸，會有效果嗎？」每次聽到學生沒有自信的發言，有如遭逢重大挫折，必像鐵達尼號沉船，心情總會難以回復。我會鼓勵學生尋找模範學習，學習他們不論環境如何，總抱持著信念，不論順風逆風步伐依舊，下面有幾位我喜愛的名人，他們抱持的精神，值得大家效仿。這些模範都有自己一套處世哲學或是一句座右銘，適時提醒他們「莫忘初衷」，也鼓勵各位找一句佳句，最能夠感動你的，記下來，在心快要沉沒前，看看你的座右銘，回到一開始的心情。

演藝長青樹——劉德華

　　我用一個小故事來說明劉德華對歌迷的重視。有次連續拍片一個多星期，劉德華每天睡不到五小時，有一天剛好有兩個小時空檔，因為離住家近，工作人員建議劉德華回家補眠，他想了想，要工作人員載他到一個地方，原來，是一個支持他十多年的歌迷正巧過生日，希望華仔能跟她與朋友一起度過，過生日地點剛好在附近，由於華仔會固定在網站與歌迷聯絡，歌迷留言許下了這個願望，但華仔卻記得這件事，正巧也有空檔，沒有選擇休息，而是一同慶生。可見他把歌迷放在第一位，很重視與歌迷間的互動。善良的他也在歌迷會裡設立獎學金與助學金，希望

幫助有失學危機的歌迷，激勵了不少歌迷重拾上進心。一個偶像如此沒有身段，愛護歌迷，誰能不愛他？

劉德華另一個成功理論是「大拇指哲學」，他說他的師父曾對他說，很多人想當老大，用大拇指與其他四個手指比喻，老大就是大拇指，排隊站在最後，站起來最低，人家躲著的時候（握拳的時候四隻手指會向內，像躲起來），他會跑出來保護所有人，所以大拇指平常的任務就是要幫助所有人，沒有大拇指，其他四指做不了事。這句話就是他維持動力的來源，為了眾多的工作夥伴，挺直了腰，保護著身邊的人。

劉德華典範的啟示

1. 認清責任，維持動力保護著工作夥伴，自己在演藝圈當中努力不懈。延伸到讀書上，可把責任變為動力來源，學生的責任就是要唸書，多努力，為自己負責。

2. 全方位發展，沒有都第一，也要努力到第二，讓自己在高水平。延伸到唸書上，唸書可以不用科科都班上第一名，只要每科都在前三到五名，總分排名也許就是第一名。

3. 珍惜歌迷，不因名氣而忘了自己成就的支持者，時時懷抱著感恩，感謝歌迷一路支持相挺。延伸到唸書上，感謝父母的養育、珍惜提供幫助的師長朋友，努力把書唸好、把能力變強，可以回饋他們或幫助其他有需要的人。

醞釀出醍醐味──阿基師（鄭衍基）

　　近年來，大家對於成功的評價方式轉變，能在自己工作崗位上，努力發光發熱的人，走向自己獨特專業的道路，也開始為人稱道，成功已不再是傳統思考上的「萬般皆下品，唯有讀書高」，只是要走不同於一般的路，過程的辛酸困難更不足為外人道，而成為總統御廚的阿基師，就是成功的人生故事。

　　一天行程滿檔的阿基師，除了是連鎖飯店的行政總主廚，管理了超過一千五百名員工，加上各界邀約不斷的錄影工作、為經驗傳承的學校授課等，總是辛苦工作到半夜，但他總是精神奕奕，提早抵達每個工作現場，事前也做足妥善準備，總是潔白無瑕的廚師袍就是敬業的象徵。而他愛物惜物，提倡珍惜食材，人飢己飢的跪求賑災，在全台掀起了「阿基師」旋風，人生的體驗更淬鍊了他正向積極的思考。

　　他在初中時並不是唸不好書，是不得已才選當廚師。當時，阿基師是班上前十名，但早熟乖巧的他就已經開始沉思唸書對他的意義。他對唸書並無高度興趣，只是記憶力很好，過目不忘，靠著認真背書拿到高分，卻不想觸類旁通。硬逼自己死背，最後可能只會對唸書心生厭倦。

　　阿基師家中開麵店，剛開始在店裡幫忙，由外場招呼客人，到內場廚房備料的工夫都在耳濡目染中學會，他更是會龜毛到連抹布要洗得乾乾淨淨的細節都不馬虎，後

來更能在廚房拿起肉絲就炒，架式十足，他就已經開始清楚自己志向在廚師一途，只是父親希望他好好唸書往仕途發展，不希望阿基師也像自己一樣當個廚師，所以在阿基師初中畢業，家中無力供他繼續升學，他跟父親說想學廚房工夫，父子兩人引爆衝突，後來還逃家四天，父母差點沒報警，回家挨了父親一頓揍，這樣仍舊沒有澆熄他想學廚藝的心，反倒更堅定了自己的志向。

父親後來讓步，到朋友的飯館請求他們收兒子當學徒，阿基師滿漢全席的工夫就是這裡磨練出來，但他進廚房的工作開頭並不順遂，他說：「為了學烤鴨，差點燒了廚房；為了雕蔬果，在廟裡看木工雕刻；別人還沒起床，我已在店裡準備好了。我兩隻手一次可端上十二盤菜，還可爬樓梯跑堂……」忍受師傅責之深的愛護，做不好罵得再難聽也要忍，因為這條路是自己選的。

終於熬出頭的他辛苦攢了兩棟房子，沒想到卻因父親負債，協助還錢之後，只剩下十七萬，他說：「十萬還我丈母娘，另外四萬，我捲起來用膠帶貼緊，塞進中風的媽媽手裡孝敬她，用剩下的三萬，我和太太重新開始。」不順遂的經歷並沒有擊倒他，反而是激勵他要再次成功。

阿基師的成功之道，就是落實「觀察、自覺、執行」三步驟，他說：「只有不努力的演員，沒有不合適的舞台。不管對方是不是好老闆，你都要當好下屬！」他振奮了許多年輕人的心，成為家喻戶曉的名廚，就是因為他有一顆勇於負責與積極熱烈的心。

阿基師典範的啟示

1. 雖然對唸書沒有興趣，但是選對方向，在麵店對於自己的工作崗位都會盡力完成。延伸到唸書上，該是自己的責任與志向，都要力求完美，方向對了就要盡善盡美。

2. 失敗與挫折的考驗，沒有打倒他！反而在那段時間，磨練出一番好工夫。延伸到唸書上，一時唸不好，不代表一世唸不好，努力培養基本功，慢慢進步，也許下一刻就是爆衝向上的時間點，擁有扎實的工夫，才有根基更上一層樓。

3. 落實「觀察、自覺、執行」三步驟，沒人教工夫也要自己偷學。引申到唸書上，對於唸書可以請教成績優良的同學，或是從旁觀察同學的學習狀況，得出方法後實行，同時也要不斷修正，找出一套自己的唸書之道吧！

無數失敗等到成功的先烈——國父

國父說：「吾心信其可行也，則移山填海之難，終有收效之期。」這句話我時常放在心裡，也會與學生分享，我的想法很簡單，只要抱持著相信，想要達成的目標會成功，只是時間遲早的問題，國父經歷慘痛十次革命不成，如果他在當中任何一次失敗之後放棄，成功的第十一次將永遠不會來臨。為什麼要提這句話？因為在做任何方向的學習，一定會遭遇失敗或考驗，課業學習也不例外，所以，要保持一顆熱烈的心很重要，如此才能度過種種考驗，讓心中不滅的熱情，陪自己到達成功。

儒家思考典範──孔子

孔子說：「譬如為山，未成一簣；止，吾止也！譬如平地，雖覆一簣；進，吾往也！」前進的動力要靠心中的信念維持，不斷前進，即使是一點點，也是站在前進的路上。常常在鼓勵學生的時候，發現他們總是思考負面，缺乏正面思考，我很想拉他們一把，但總進步緩慢或中途放棄，我都替他們感到可惜。因為全世界其他人都可以輕易放棄你，這不是阻止一個人成就的真正危機，而是一旦自己放棄自己，有再好的機運都是徒然。

所以孩子們，無論進步多緩慢，相信自己，堅持下去吧！

而我所遇過的學生中，許多人對於學習懷抱熱烈的心，因此戰勝了他們的學習挫折，突破他們自己原先的限制，好比：就讀建國中學的王榮麒在國中、小都是班上數一數二，進了高中，成績排行是班級人數除以二的名次，需要極大的心理調適與修正努力方式，他不放棄，最後皇天不負苦心人，在學測申請成為建中七狀元之首，申請台大五系全部錄取；醒吾高中葉定慧，在學校往年極少名額進入台大的情勢下，決心力爭上游，以繁星力拚台大，最後進入台大物治系，他們的故事都會在後面章節提到，而他們心懷熱烈，遇到挫折越挫越勇，朝向目標勇往直前，所以找一個屬於自己的座右銘，努力尋找個人的成功方程式，時時鼓勵自己，成功就在不遠處。

學生檔案 8 林品君

就讀高中	就讀大學校系
台北市立 復興高級中學	國立政治大學會計學系 一〇二年九月升大學一年級

　　品君強項在文科，弱項在理科，所以在高二時選擇社會組。數學這一科對她來說，上課都能夠聽懂，但是一到考試，總是計算錯誤，題目都像是最熟悉的陌生人一般，好像看過卻又不知道要使用什麼概念解題，往往小考成績還可以，遇上段考，計算錯誤少十分，突然忘記解法少十分，結果總與小考成績落差個一、二十分。這個狀況持續在她的高一發生。後來，她終於鼓起勇氣主動來找我討論這個問題，在了解她唸數學的狀態後發現，主要關鍵出在她學數學，是用「唸」的、「看」的，這到底是怎麼回事呢？有數學作業，她會看著老師上課的例題，一邊看著類似的過程、數字的替換，其實不太了解題目的含義與解題關鍵，而小考的時候，會逐一回憶背誦老師教過的題目。然而數學是要用「想」的、動手「算」的，才學得好。沒有思考算式的意義、沒有動手計算題目、沒有限時計算題目，都會導致觀念不穩、思考不全。所以我請她務必動筆計算，看著題目，圈出關鍵字，選擇解題要領，逐步列式推理完成。

　　觀察品君考卷的答題過程，發現常有幾題計算不完，而有算完的題目，過程簡略，問她為何計算式子如此簡略，品君說因為煩惱考卷算不完，所以計算過程會不由自主跳步，以為跳步就能快速寫完。於是我給她另外一種思考，盡可能把該寫的計算步驟完整寫出，字跡工整，不用擔心寫不完，而是專注在答題，要將該得分數全都拿到。

　　另外，也請她一週整理好自己的數學問題，尋找老師或同學詢問，但不是把問題丟給解題者，只說：「這題我不會，請講解給我聽好嗎？」而是跟解題者互動討論，把自己遭遇困難解不出來的式子提出來，詢問：「我這個做法可以嗎？」如果解題者說這樣解不出來，接著詢問：「為什麼不能這樣做？這樣做有什麼地方不對嗎？」理解之後，繼續請問：「這個題目，看到什麼關鍵，所以知道這樣做？」利用上面的問句，一方面釐清觀念不完全之處，另一方面學習順利解題的思考步驟，每弄懂一個部分，立刻在空白計算紙上重算，確定是真的學會，而在問答中，也逐漸克服她算數學的緊張感。

　　高二的她，經過高中一年級後，對於專注唸書產生疲態。因為國中的她沒有長時間唸書的習慣，高一一開始的拚勁，已經隨著時間消散。當唸書動力下降時，我會建議學生轉換唸書的環境，品君她習慣在家裡唸書，可是效果不佳，我建議她盡可能到補習班唸書，原因是自習教室裡的氛圍，有集體唸書的衝勁，還有自習教室都有輔導老師隨時巡堂，有督促專心的效果。而且，補習班內也會排定唸書時間，藉由外力協助規律化。在自習教室唸書的她，漸漸找回唸書的動力，由一小時就會不由主分心，到後來可以坐下來唸書專注穩定唸書三小時以上，狀況好的情況下，更能一鼓作氣唸五小時的書。

　　先前提過她的弱科在理科，而在數學定期訓練問答後，數學程度開始穩定成長，在學測倒數一年，她發現自己的自然科完全沒有底子，可說是全盤皆爛的情況，經過討論，我請她利用高二寒假的時間，補強自己的自然科，由課本入手，因為學測考題由課本的基本概念出發，熟讀課本是建立基礎最好的方式。在高二下積極主動地請教自然科老師，訓練問答，通常學生在高二上發現自己的

弱科，是逆轉學測成績最後的時機點，高二上發現到考學測，時間間隔有接近一年可以打底補救。不然，到了高三上看到模擬考成績才覺醒，這時只剩三、四個月，勝負大致底定，逆轉機會渺茫。由於她的努力，後來學測自然科頂標，也以學測全校第二的成績，考上政大會計系。

品君的成功經驗，值得學習的是

1. 改變唸數學的習慣，利用快問快答與問完立刻動筆計算，順利提升數學程度。

2. 寫考卷專注在將會的題目分數要全拿，算式工整不隨意跳步，取代原先擔心考卷寫不完的窘境。

3. 找到有管理可專心、有時間規劃的自習教室唸書，協助穩定唸書的專心程度。

4. 學測倒數一年補救自然科，熟讀課本，勤問問題，逆轉了自然科的劣勢，考出頂標表現亮眼。

◎面對困難與艱苦，踏實一點一滴克服。

「滾雪球讀書法」：創造讀書境界中的錢滾錢

讀一晚可以記一輩子的記憶累積方法

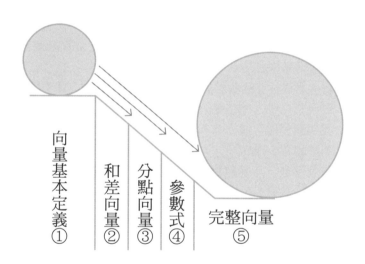

向量基本定義①　和差向量②　分點向量③　參數式④　完整向量⑤

1. 每次都由①②③④⑤開始
2. 循著①→（①＋②）→（①＋②＋③）→……
3. 觀念完整不破碎

　　每個人擁有的時間都是有限的，若想用有限的時間創造更多效益，就需要學會「滾雪球」的方法，主動創造無限可能。增加單位時間內的效益，複利錢滾錢就是這樣

的方式，許多大企業家一年收入可觀，不是源自於每天基本工作職位的薪資所得，而是來自累積第一桶金後，轉作投資增值，才有如此可觀的身價，像企業家巴菲特或是台灣知名富豪郭台銘，賺錢之道就是如此。

唸書也可以使用滾雪球方式，協助你越唸越輕鬆，越唸越不會遺忘。該怎麼做？滾雪球的重點著重於幫助維持長久的記憶，與如何反射使用已經記得的知識，最後與其他所學合併應用，簡單來說，滾雪球就是要記得久、用得快、交錯應用。

滾雪球第一步：懂得逐步累積

要滾雪球首先要爬到一定高度，所以我們對於各類學科知識的累積，都要試著全盤理解、注重細節，才有助於滾雪球的時機來臨，有夠厚的積雪，可以一起向下滾動。

滾雪球第二步：看對時機，重複練習

很多人都是有考試才唸書，這樣的方法是錯的。舉例來說：因為一次段考約有五個星期的時間，高中老師不一定有考試的習慣，如此一來，上課聽懂，但是時間經過，記憶的內容是逐漸遞減，沒有上課即時記憶的人，到了之後想全部一起複習，概念卻東缺西漏，有學等於沒學，這樣想要達成滾雪球的效益談何容易！

所以，提供幾個時間點務必複習，第一：上完當天馬上複習，第二：一週總結複習第二次，第三：下一章節

開始也從前一章節開始複習，抓住這三個時間點複習，順坡而下的知識雪球會是最完整而可觀的。

滾雪球式的讀書計畫表範例

	一	二	三	四	五	六	日
課程進度	向量基礎①	和差②	分點③	參數④	⋯⋯	⋯⋯	⋯⋯
自我複習	當天①	①+②	①+②+③	①+②+③+④	⋯⋯	⋯⋯	⋯⋯

當天複習的好處是記憶猶新可輕鬆內化，剛上完課後，所有印象都還是熱騰騰，這時複習第一次，幫助釐清是否真的都搞懂，不理解的趕快弄懂。

一週學習的總結統整第二次，是幫助確定大腦記憶是否由短期記憶，因為重複演練，變為長期記憶。

下一章節從頭複習，比如現在要唸第一章第二節，先花個十分鐘翻閱第一章第一節的內容，除了可以順利連接概念，進入後一節，也可以類比出兩個章節的因果關係與內容異同，增強往後考試答題的速度與效益，讓點狀或線狀的學習，變為面狀完整學習。

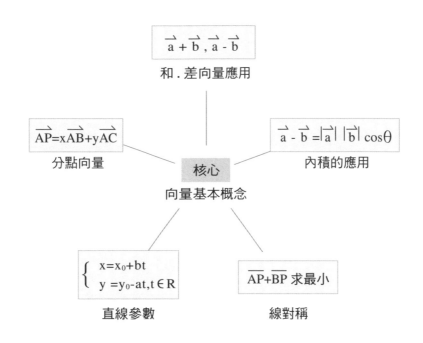

舉例：高二數學空間向量的相關性

滾雪球第三步：重複七次，才是熟記

　　我們用來記憶的海馬迴是藉由重複練習的刺激，讓短期記憶變成長期記憶，所以要重複演練七次以上，在寫題目時，練習快速思考，不斷刺激，讓原有觀念內化成為自然而然的反射。

　　舉例來說，你是否已經把電視上，周星馳一系列國片的台詞，都背得滾瓜爛熟？因為電影台一而再、再而三的重播，讓我們在重複觀看且興趣盎然的情形下，把台詞內容不知不覺放入長期記憶的海馬迴中。而近期熱門的甄

嬛傳中的「賤人就是矯情」這句台詞，廣為人知，也就是重複曝光造成的滾雪球效應。

反覆記憶就會熟練，老生常談但十分重要。

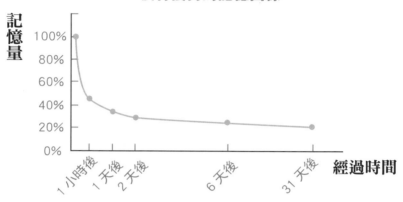

沒有複習的記憶曲線

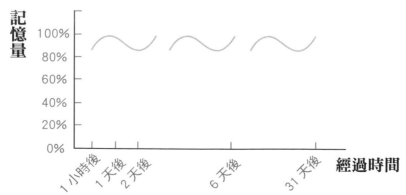

有複習的記憶曲線

時間間隔	沒有複習的記憶量	有複習的記憶量
剛剛記憶完畢	100％	100％
20 分鐘後	58.2％	58.2％
1 小時後	44.2％	44.2％
10 小時後	34.6％	58.2％
1 天後	33.7％	67.8％
2 天後	27.8％	74.9％
7 天後	23.4％	85.5％
一個月後	21.1％	90.7％

學測剩半年，「檢討術」助你反敗為勝成為大黑馬

歷年來大學學測黑馬的共通特性

22

我常常強調，不論是要利用學測成績或是指考考科入學，不管未來唸任何科系，國文、英文、數學三科都很重要，重要原因在於語言溝通需要依靠國文、英文，訓練邏輯思考與解決問題能力依靠數學，所以，唸書重點首重這三個科目。

在學測前的最後半年以每兩個月為一個單位，進行檢討。

檢討一：心態調整

1. 每個考試都很重要，我都要對小考、段考、模擬考每一個都負責任？

對考試負責任，是很好的想法。可是到了高三，升大學重大考試在即，要能對各類大、小考，輕重權衡，有所取捨。

模擬學測考試與模擬指考考試，是能看出未來升學參考的重要指標，也是全台各區高中生，一較高下的前哨

戰，可藉此得知自己的實力落點，所以，校內考試如隨堂
考、週考，甚至段考，都應視為小考。心態調整，首重升
學模擬考試。

高三學期	唸書重點	建議與提醒
七～八月	● 首重國文、英文、數學，三科複習時間每週六到七小時。	● 社會、自然複習時間每週三到四小時，整體至少唸完三分之二。
九～十月	● 國文、英文、數學三科，維持上述習慣，持續加強。 ● 社會組要注重自然科，自然組要注重社會科，針對各自弱科重點加強。 ● 精讀第四冊內容外，對一到三冊快速重點掃描。	● 國文、英文、數學三科總級分若達四十級分，則離頂尖大學非常接近。 ● 社會組與自然組維持本科優勢，至少達頂標。
十一月～考前	● 五個考科並進，國文、英文、數學重點加強。 ● 練習大範圍考卷，檢測唸書效率（以一冊為單位出題的考題）。 ● 學測前兩個月，至少要寫完近三年歷屆考題一次。	● 想進國立大學明星學系，須在北區模擬考排名前五千名。 ● 想進頂尖大學明星學系，須在北區模擬考排名前兩千名。

2. 考爛的考卷眼不見為淨，對成績遮遮掩掩，想要下次重新來過！？

　　遭遇挫折乃人生常事，司空見慣，五月天樂團阿信說過：「我的外套一掀開，都是滿滿的失敗！」即使失敗，他抱持著正面的思考，重點是從失敗汲取經驗，修正錯誤，轉向成功。

　　誠實面對自己的成績與排名，不理想的排名是進步的開始，感受到挫折的考驗，才有改變的契機。考好不驕傲，繼續追求卓越；考壞不自卑，準備絕地反攻，抱持這樣的心態，進步指日可待。

　　設定明確的目標，例如要進步多少分數或名次，用量化看出進步幅度，定期追蹤自己的成績與排名，才能對進步有感。

檢討二：方法改變

1. 效率佳是超越的關鍵

　　培養好的效率，要考慮選用的參考書籍與資料，是否合乎大考趨勢出題；各個章節唸書分配的時間，比重是否平衡；唸書的環境，是否能協助效率提升；整體唸書規劃，是否適合自己，可以提升強科，加強弱科……等等，要善用前面章節提過的追求效率的方法。

2. 讀書只是閱讀記憶，考好更要訓練分析題目的能力

　　通常唸理科重視題目，都會套用公式解題，要理科成績優越，分析題目的能力是必備的。但唸文科，很多人

會陷入只看課文不作題的狀況，往往空有大量閱讀的記憶，缺乏寫題刺激，不懂各類考試的題型，沒有建立答題技巧，這樣要考好選擇題不易。準備升學考試，除了書要勤唸，歷屆考題一定也要認真寫。

3.解答與方法長在嘴上，不要羞於開口問問題

　　根據一項研究指出，未來的美金百萬富豪有50％都會出現在中國大陸：

- 年紀大約在三十六到三十九歲之間
- 男性與女性比例為七比三
- 週六、日兩天加總花在工作的時間都超過十小時，而他們成功的特質之一，就是喜歡結交朋友，彼此討論交換成功的心法，從中去尋找合作機會，求取卓越。

　　由上述例子可知，成功的人要「不恥下問」，不要吝於開口發問，問可以得到解答，與有成功經驗的師長、學長姐或同學討論，了解他們優秀的原因，交談間獲得方法，甚至執行步驟的細節。

　　問答討論要有一定週期性，維持重複的習慣，才能維持進步的品質，如：一週與老師討論一次讀書的效率、三天與數學邏輯佳同學討論一次數學習題……等等。

　　問答就是一種追蹤，當你發現自己所問的問題越來越深入、彼此對答節奏越來越緊湊，表示距離成功越來越近。

學生檔案 9 周穎

就讀高中	就讀大學校系
台北市立松山高級中學	香港中文大學綜合工商管理學系一○二年九月升大學一年級

　　周穎聰明靈敏，但是外務太多，高一的她投入過多的時間與心力在社團上，所以成績在校內普通，只有英文較有優勢。一直到了高二上快結束，她開始思考升學問題，於是來找我討論。

　　了解她的唸書表現與時間分配，我給了三點建議，她展現了黑馬的精神，找對方向就盡全力執行，最後，學測表現一躍成為高中校排前十名，利用學測成績順利申請在香港數一數二的香港中文大學。

　　第一，有計畫的分配時間，由於高一活躍於社團，沒有培養良好的唸書習慣，想要調整唸書的體質，就必須斷除雜務，將唸書時間排在第一位。高二下的她將社團活動告一段落後，就專注在課業上，擬定讀書計畫表，踏實嚴謹的執行，就連與家人聚會或是同學出遊都完全婉拒。她對課業的熟練度，也因頻繁的溫習，大幅提升。

　　第二，學科基礎不穩定，加上對於理科的不擅長，我請她務必由基礎下手，基本概念一定要問老師，問到懂為止，為學科打穩地基。基礎題型練習透徹，反覆思考過程，固定檢查作業，跟好每週進度，維持定量吸收。

　　第三，唸課文概念與演練題目兩者並重，唸完一個部分概念後，利用題目的實戰演練，了解自己對課文重點的理解度，也磨練答題技巧，如果答題狀態不佳，重新熟悉概念，讀寫雙管齊下，周穎的唸書戰力完整提升。

　　締造佳績不是偶然，及時找出自己需要修正的問題，

找對方向就踏實逐步改變，拿出決心與毅力，翻身成黑馬，周穎在香港中文大學繼續精采地學習與進步。

周穎的成功經驗，值得學習的是

1. 覺醒要及時，高二上開始重新檢視唸書習慣，好的維持、壞的修正，躍身成黑馬，大有可為。
2. 完整嚴謹的唸書時間分配，訂好計畫努力達成，戒除懶散，致力前進，是通往進步的不二法門。
3. 不擅長的科目從基礎開始，首重課本觀念，加上做足不同題型整理思考脈絡，讓讀與寫並重，可使應試技巧大提升。

◎輸在起跑點，贏在終點！

升大學數學科影響大，一科差可能吃掉所有分數！

如何增強數學能力，減輕程度差異

23

近年來，台灣與南韓並列亞洲數學第一。但為何數學一科，有辦法影響學測考試總成績呢？

數學題目都是沒有看過的

數學是一門訓練邏輯、解決問題的學科，重點在於用對概念與公式套用正確，數學題目千變萬化，設計題目可以使用完全不同敘述與包裝，但是所問的是相同觀念，所以，拿到學測或指考試題，裡面的題目一定不曾看過，但由既有的觀念設計問題，需要分析理解與靈活思考，才能順利答題，所以對於習慣回答直觀性或建構性題目的學生，寫起數學考題，困難重重。

數學題數少，單題分數比例重

一張數學考卷大概二十題左右，平均一題就佔了五分，相對其他科目一題約佔二分，單題扣分最重，造成平均分數較其他科目低，而且每年學測零分最多人數的科目也是數學。

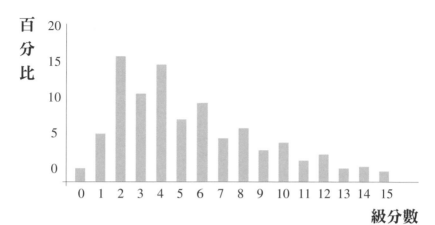

百分比

級分數

數學有「贏者全拿，輸者慘輸」的分佈

數學的成績分佈呈現雙峰的 M 型，成績呈現兩極化，概念理解好的人，寫來得心應手，思考靈活、反應敏捷者佔了很大優勢；概念理解不穩者，答題受運氣左右，成績時好時壞；而概念理解差者，成績自然屈居劣勢，與其他科目呈現常態分佈，有所差異。

給不同程度的人唸數學的建議

程度類型	需要增強的能力	挑選題目類型
觀念清晰、富分析力	● 增強對題目快速反射能力 ● 高層次難題的分析力	跨越章節、一題可多解、一題突破多個概念的困難題型。
觀念可懂、分析有限	●增強觀念架構 ●加深分析能力	三分困難題型練反應；七分中等題型穩基礎。
觀念薄弱	●加快讀題速度 ●深耕基本觀念	理解基本公式套用簡單題型；重複理解題目兩次以上。

學生檔案 10 陳國榮

就讀高中	就讀大學校系
台北市立 大同高級中學	國立台灣大學外國語文學系 一〇二年九月升大學一年級

經歷國中三年懵懵懂懂的階段，升上高中的第一年，身心發展漸趨穩定與成熟之際，也是玩心最重的一年。高中一年級開始，各種社團與校內競賽的多彩多姿，而且主要帶領活動由老師轉到學生本身，國榮也在高一的時候盡情投入各類精采的課外活動，增加了許多體驗，同時家中重視家人團聚時間，每週也都安排了許多聚餐與外出活動。高一就在精采的社團體驗與家人出遊中度過，在學業上他倒是沒有認真多思考，只把握住一個原則「上課就要認真投入」，專注學習、吸收理解。補習班的課程也從未缺課，充分把握在每個當下該做好的事。

到了高二上，他開始思索未來升學的路，開始尋找自己目前的優勢與劣勢，從而把握優勢、改善劣勢，這時他來找我討論，他的第一個問題是由於高一娛樂的比重高，自己靜下心來花時間唸書的時間很少，除了上課專注外，作業其實也只是應付。所以，我建議他除了每天踏實寫作業外，挪出一個小時以上理解學習內容，並加深加廣，如此逐漸拉長唸書時間。

國榮有專注上課的好習慣，文科表現不俗，尤其英文是他擅長的科目，加上他從不缺席數學的補習課程，因此讓他的數學維持一定的水平。高二開始，他時常來找我討論數學的學習方式。他說自己真的不太喜歡演算數學題，大概一週只會找一天練習，很明顯花在數學的時間不夠，但是要強迫他督促自己，較為困難。於是我請他每次來補習時，早到晚回，聽我為其他同學解題，於是國榮了解其

他同學數學上遇到的困難點，並且對於觀念能夠更熟悉。

　　到了學測前一年左右，國榮對於自己的數學非常沒有自信，感到慌張。他說自己對數學的基礎題型沒有太大問題，但是遇到要解答難題，總會卡住，時間一分一秒流逝，浪費了很多時間重複閱讀題目。而他認為學測數學科過半的題目，對他而言都是難題。我思考了一下，由於國榮是一個反應快的學生，如果能夠充分思考每一題當中的概念，把每一個變化題都充分推理思考數次，讓思考流暢，就能順利理解且不遺忘，另外我還是請他定期找我討論數學題，以我問他答的狀態，去檢視他是不是將概念理解徹底且流暢，討論之中，我發現強化思考概念，讓他的邏輯分析能力變得更細緻，對於討論數學的應答也變靈活。後來，數學從北模的均標，變成超越頂標的十四級分，加上本身對於文科的擅長，讓他考取夢寐以求的台大外文系。

國榮的成功經驗，值得學習的是

1. 高一難免貪玩，人之常情，但是認真專注上課是保本的工夫。
2. 擅長的科目是未來大學科系的選擇方向。
3. 學習方法因人而異，國榮能夠找出自己的缺點主動討論，了解自己，思考出屬於自己的解決方法，進而將缺點彌補，進化成優點。

◎時時懷抱夢想，也要時時省思自己的不足。

24

學習就像一道菜，增加趣味變得更可口！

善用聯想讓學習內容更容易被記憶

　　上述左圖與右圖，你感覺哪一盤比較可口？

　　其實兩道菜的內容相同，但我們大部分都會選擇右盤，那是因為加上巧心裝飾，而使右盤看來可口吸引人。唸書的道理也相同，如果僅是生硬理解課堂上的學科知

識，讓學習只停留在該學而學，而不提升到「學而生趣」的層次，日後若離開學校，不需考試，就會停止學習。但學問之路很長遠，讓學習妝點上興趣，學來愉快且可以進一步深入，達到學以致用的境界，讓學習與生活有所連結，學習是一輩子。

以下幾個我的生活發現，就是學科與生活趣味結合的實例。

中文寫繁體，意境到位，心領神會

簡體的「亲爱」二字是繁體的「親愛」，我們對親愛的人，恨不得時時刻刻見面，心心念念掛記，簡體中文簡化過後，「亲」不「見」、「爱」無「心」，這失去了對於親愛的感受力，筆畫少了，含義也偏離，所以繁體中文韻味深長，仍與簡體中文有所差別。

英文字這樣理解更有趣

Together 是「一起」的意思，如果拆成三段，變成 to+ get+ her 直譯為「去得到她」，得到了她，不就是兩人在「一起」的意思了嗎？

再舉一個例子，Family 是家庭的意思，它可以拆成：

F　　a　　M　　I　　l　　y
Father and Mother, I love you!

一個家庭的建構要有父親與母親，有父母兩個人成家，才有孩子的出生，試想小孩對父母說：「Father and

Mother，I love you!（爸和媽，我愛你們！）」，這樣營造了一個 family（家庭），解釋起來富有情感。

每天比昨天進步 1%，一年後是原來的 37 倍！

利用指數的概念，我們假設原來是 A

一天後變成 　　　　　$(1+0.01)$　　A

兩天後變成 　　　　　$(1+0.01)^2$　　A

一年 365 天後變成 $(1+0.01)^{365}$ A 約 =37.78 A

如果我們每天比前一天進步百分之一，持續不斷，假設進步幅度是根據指數型成長推算，一年後我們會進步到原來的三十七倍之多，是不是很可觀！所以進步不嫌慢，只要開始後持續不斷地努力一段時間，成果就會顯現。原來數量化的理解，經過解釋，也是種浪漫的詮釋角度。這樣說，傻傻地每天努力進步一點點，成效驚人，是不是更想努力了！

中國大陸最貴的手機號碼是……？

中國大陸最貴的手機號碼「13841287201」是七的十二次方，要價台幣六百萬元！原因是在易經六十四卦中，第七卦與第十二卦組合有否極泰來、趨吉避凶的含義。當我看到這個電話，馬上就冒出台語的諧音：「13841287201，不就是：伊三八！死對厚～北七就是他！」自己私下笑了許久，上課時忍不住也與學生分享

這個小趣味，發掘生活中與學習有關的事物，當天心情大好。

學習的趣味可在與同學聊天時討論分享，不僅是種聊天的題材，如果看到更深入的課題，有興趣的話，可以進一步研究幫自己充電，補充制式課程學習之外的知識或常識，增添趣味之餘，試著與別人分享，也有助於訓練口語表達，日後如果面臨申請入學面試，不僅有更多趣味的題材，在平常就開始口語表達訓練，是很好的試前預備動作。

25

理科的「根莖葉」讀書法：
戰勝題海摸索策略
進入題海戰術前務必要先釐清基本觀念

　　理科包含了數學、物理、化學、生物與地球科學，這些科目有其理論基礎，需要先理解來龍去脈，如果遇到好的老師，運用清晰的思考脈絡，講解舉例生動有趣，對於學習這些科目，就是一大助力。

　　專有名詞或符號，需要透過老師解釋而理解，再到公式的觀念與套用，合併為數個題型練習。這些科目中最重視概念理解的，就屬數學與物理，其次是化學，再來是生物與地球科學。

　　從高中各年級理科比重來看，高一整體最重視數學，其餘科目為基礎課程，為社會組與自然組共同學習，而高二、高三若選擇自然組，重視數學、物理、化學三個科目；而社會組數學仍是主科，因為未來升學如果選擇商學院，數學就是必修學科。

理科基礎是漸進式的累積（以數學為例）

● 小學階段（根）：培養基礎運算力

小學階段重視的是數字的計算精確，所以會有龐大的重複式子運算，題目寫得夠多，成績自然會顯現練習的成果，即使對於概念理解懵懵懂懂，只要練習夠多、夠熟，考試成績在一定程度以上，不成問題。

● 國中階段（莖）：開始抽象理解力

國中階段的數學開始以計算力與概念理解並重，假設未知數與基礎證明開始建立，小學學習以題養分的模式開始不管用，如果想要寫遍所有題型，一天至少要花三小時以上的時間練習數學，還有其他科目要學習，真的沒有那麼多時間可以練習，所以觀念理解與熟記是重要的，勝過寫千萬題。

● 高中階段（葉）：抽象思考與邏輯概念並進

高中階段的數學重視概念理解與變化，計算力為必備基本工夫，重視的是概念理解後的套用，題目的包裝方式更多樣化，以更多的符號組成的公式，需要先理解，而後熟記，再到套用自如，如果還想以拚命寫題的方式學習，恐怕事倍功半。

題海戰術，不敵觀念清楚

高一到高二上注重段考的情況下，以題養分仍然可以考很好，這時候就掉到題海戰術的陷阱中，會養成「看過的題目才會解答」的錯誤認知。但到了要準備升學大考的高二下到大考前的模擬考，會發現題目永遠有各式不同的包裝，五花八門，但是脫去包裝後，其實內容物就是幾個

重點觀念，看到一個觀念，可能衍生十題相似問題，沒有必要寫完全部題目。

在我的教學經驗裡，有些學生的狀況是段考名列前茅，模考成績就在均標到頂標間起伏震盪，這就是太依賴題目所致。

別被符號嚇得卻步

理科使用公式陳述概念，所以會衍生很多的符號，或是其對應的單位，才能夠清楚表達。所以，符號的代表意義一定要聽老師講解，不懂一定要開口詢問，在課堂上請教老師，下課後與同學討論，都是不錯的方式，重點是一定要清楚理解每一個符號的意義，使用公式才得心應手。

丟棄多而不當的題目

有些人作題抱著敢死隊的心情，想要衝撞所有題目，來換取辛苦血淚的成果，但事實的真相是：「敢死隊大多準備當砲灰！」所以，作題要會篩選，選擇一個觀念搭配的三、四個公式，每個公式就作一到兩題，但是徹底思考與理解背後觀念的含義，才是學習理科省時有效率的方式。

理科學習小秘訣公開

◎物理利用「公式格式相同，符號替換」
比較兩者公式的異同，適合一起理解與記憶，以下為範例公式。

公式的格式：（　　　　）力 =（　　　　）$\dfrac{(\ )(\ )}{(\ )^2}$

	靜電力	萬有引力
公式	（靜電）力 =(K)$\dfrac{(Q)(q)}{(r)^2}$	（萬有引）力 =(G)$\dfrac{(M)(m)}{(r)^2}$
相同之處	●公式格式相同 ●分母為兩者的距離平方，代表意義為與兩者距離平方成反比	
相異之處	●K 為庫侖常數 ●分子為兩帶電體的電量乘積 ●代表意義為與兩者電量乘積成正比	●G 為萬有引力常數 ●分子為兩物體的質量乘積 ●代表意義為與兩者質量乘積成正比

◎同一名詞，在不同單元不同使用公式

　　例如，數學題目中看到「垂直」：

1. 直角三角形存在畢氏定理 $a^2+b^2=c^2$

2. 兩互相垂直的直線的斜率相乘 = -1，水平、鉛垂例外

3. 兩互相垂直的向量的內積 =0

◎多個公式，可以求出相同量

　　例如，求三角形面積，可以用以下任一種公式：

1. $\dfrac{1}{2}$ ah（國小基礎公式）

2. $\dfrac{1}{2}$ absin θ（三角基本推演）

3. $\dfrac{abc}{4R}$（公式 2. 加上正弦定理變形）

4. rs（國中基礎公式加上內心幾何應用）

5. 海龍公式 $\sqrt{(s(s-a)(s-b)(s-c))}$ （公式 2. 加上正餘弦推演）

6. $\frac{1}{2}\left\|\dfrac{\overrightarrow{AB}}{\overrightarrow{AC}}\right\|$ （向量應用）

7. $\frac{1}{2}\left\|\begin{array}{cc} x_1 & y_1 \\ x_2 & y_2 \\ x_3 & y_3 \\ x_1 & y_1 \end{array}\right\|$ 　　　　　（幾何平面求面積）

◎相同概念，出現在不同單元

例如，例如「恆等式」的概念：

1. 兩平行線之間，同底的不同三角形，面積恆相等。

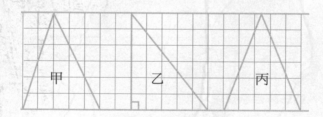

2. 一半圓形，將其直徑切分成數個直徑畫半圓軌跡，路徑總和＝原來的半圓周長。

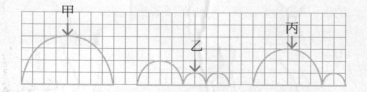

3. 直角三角形，以三邊長度各做正 n 邊形或半圓，斜邊所作面積＝兩股所作面積和。

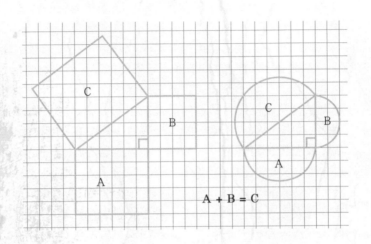

學生檔案 **11** 蔡家揚

就讀高中
台北市立成功高級中學 一〇二年九月升高中三年級

　　我不認識高一的家揚，但是，我相信那時候的他就是一個努力用功的學生，懂得用功讀書，為自己打基礎，與同學相處融洽，人際互動良好。到了高二因緣際會，他到了我的班上聽課，改變了他的數學學習方法，以前他寫大量的題目，努力踏實地要將所有數學的解法熟練，可是有限的時間無法完成無限的題目。到了我的班上，重視概念整理、分析題目關鍵、作題要精而多元的想法，讓他數學

作題的數量減少，但思考題目的效率提升了！他開始知道數學要找出破題關鍵可以用討論擴充思考，重複概念的題型可以在腦中佈局思考算式，不用每題都花時間計算。到了高二，由於轉變數學的讀書方式，省去了大量的時間，有辦法分配在別的科目上，帶動了整體成績的進步。

高二時，父親生了重病，本來就體貼、心思細膩的家揚，在那段時間更是成熟許多，把自己的生活打理好之餘，協助母親做家事、分配固定時間陪伴生病的父親，家中氣氛融洽，重視父母，知道自己是家中的一份子，主動營造溫暖的氛圍與家人相處，展現出獨立，讓父母對他能夠信任，放心讓他打理自己的事務。他曾經跟我說過，如果可以，他大學要半工半讀，累積一筆錢帶著爸媽去國外旅遊！其實，他家裡可以提供出國的旅費，但是他想自己獨力完成存旅遊基金這件事，相較於時下許多高中生重視同儕多過於父母，家揚展現了不一樣的情懷，營造家庭融洽的氣氛是他最重視的事。

這樣的他在成功中學，數學段考連續多次滿分，認真唸書也重視人際與家庭，思考成熟有別於一般高中生，是成績好、人品更好的模範。

家揚的成功經驗，值得學習的是

1. 轉換數學思考模式，懂得討論與抓取關鍵學習數學，締造多次滿分的佳績，有更多時間分配到其他科的學習。
2. 用具體行動營造家庭溫馨氣氛，難能可貴，有別於只重視同儕的高中生，思考相當成熟。
3. 找到一個為了家人努力的目標當動力，驅策自己能夠更加獨立，如能保持初衷，將來必成大器。

◎思維謹慎要慢，下筆俐落要快，快慢取捨恰當，動靜皆宜。

26

「考點」在哪，
學習基礎到位點就在哪
別被目眩神迷的課外內容搞到忘記紮穩基礎

做學問＝會讀書＝會考試？

做學問、會讀書、會考試，你認為這三件事情是一樣的嗎？

這三件事情都與學習有關，但是層次有所不同，做學問是一輩子的事，學海無涯，永遠都有學習不完的事情；會讀書若放在心理歷程的層次，能將所學應用在生活之中，讓所讀在實際生活發生效用；會考試就是量化且結果論地去看待學習這件事。

做學問與會讀書是我期許學生們將來去追求的層次，但是這本書裡，我想就「會考試」這個方面探討。升大學

是人生的重大階段之一，是實際目前要跨越的關卡，考進自己理想的校系，是提前為自己的職涯做準備，人生真正獨立的前哨。

怎麼把考試考好，下面幾點與各位分享。

抓考點是第一步

授課老師的教學方式，若是平鋪直敘的將課本唸過，遇到這樣的老師，自己就要想辦法自立自強，想辦法找出課文重點，自我加強。

若是太過認真的老師，在高一的課堂，急著補充教會你高二、高三課程，甚至是大學的內容，如果學習得來固然好，但所教內容可能有擷取片段、概念不完整的嫌疑，而且有可能造成學習重點混淆，不知所學基礎範圍在哪，有極端結果產生，使跟得上的學生歡喜，跟不上的學生直接放棄學習。

所以，切中學習要點，考點講授清楚，以打穩基礎為主，結構完整、不任意超前的教學是重要的，如果你的老師依上述想法教學，真的是十分幸運。

懂得篩選情況，直擊要害

根據準備考試的時間長短，可以選擇達成讀書效率的方式。

若是時間充裕，唸書注意細節，有助於更加熟悉課程，所唸內容為全面性的，適用於準備小範圍段考的準備；

若是所考範圍大，準備時間有限，重視重點的理解應用，與分析相關內容的異同之處，重視靈活性思考，就無須地毯式搜索地唸書，重點是觀念的連結完整。

事前模擬，真正上場不緊張

許多高中老師在段考之前，沒有隨堂小考或抽考，這樣缺乏實戰演練是不妥的。

如果科任老師不考試，這時候請同學們要自我要求，將國文、英文、數學三個主科一週兩次，其他科目一週一次的頻率，進行自我學習檢測，可以買坊間測驗卷或是寫題庫，記得要限定時間，模擬正式考試般練習，這樣可以找出自己尚不熟練的內容或觀念再次加強，且到真正臨場考試，限時的緊張感會降低，因為平時已經有自我模擬，考好的機會大增。

熟習課文內容與練習考題的時間比例也要掌握，理科學習讀：寫時間比例 1:3，文科則為 2:1，如果是唸得很認真，不一定考得好，因為考試需要答題技巧，所以唸書一定要配合寫題目。

段考考題與升大學考考題是不同方向的，所以複習之時挑選資料，要找對的方向尋找恰當整理與出趨勢的題本，對症下藥才會考得好，練錯考試方向白費工夫。

別忘記用考古題挖寶

段考前兩週應該去找尋過去三年的段考考古題練習，然而考大學學測與指考的前兩個月就要練習完近五年歷屆考題。

考古題練習與即將面臨的考試，重點與方向相同，能抓住唸書重點脈絡，並且寫過考古題，發現不熟的內容，可以馬上補強。所以，遇到大考前一定要好好地挖掘「考古題」所留下的重要線索。

再者，藉由寫考古題，定期與老師討論，以老師的經驗與資歷，一定能針對你唸書的弱點給予適切的建議，也可看出你往年試題的能力排名，提供適當的指引。

學生檔案 12 蔡宇杰

就讀高中	就讀大學校系
台北市立 大同高級中學	以學測成績申請上中國大陸的復旦大學，放棄資格。 指考考上國立台灣大學工商管理學系，一〇二年九月升大學一年級。

宇杰是個二類組的男生，在高一跟著我的腳步，將數學的邏輯逐一建立，對理科的學習方法，從高一開始掌握度就很高。但他就是有自然組學生的困擾，國文、英文讀得吃力，表現不佳，在高二上結束，學測時間倒數一年，

有了危機意識想要改變現況，在我的建議下，每天排定國文與英文各一個小時的題目練習，以頻繁接觸自己較弱的科目，建立熟悉感，穩定自己國文與英文的語感。

除了增加國文與英文的唸書頻率，他認為自己的基礎建立得不夠穩固，也積極去找補習班的課程，藉由補習班老師完整的課程規劃，重新建立基礎，當時國文他就準備了五套工具書，有補習班的講義、四十篇古文彙編教材、成語教材、趣味文學史與國學概要，花苦功彌補自己的不足。

當然文科除了選擇題型，作文也是一大重點。在學校長篇七、八百字的作文練習，他屢屢挫敗，因為他的寫作技巧從未被指導過。他來找我討論這個問題，我建議，第一，長篇作文練習若以流水帳方式記敘，對於作文程度無法提升，先由重點的兩、三百字短文練習，精煉自己的思考論點，以簡短的文字敘述表達意思，再逐漸增加字數；第二，每次寫作練習後，一定找同學討論與閱讀佳作，藉由討論去理解其他人寫文章時切入的角度，藉由好文章學習他人作文的內涵。因為他的勤勞付出、勇於請教，文筆有了長足進步。

他也在高二的寒假，開始準備社會科，在過農曆年前就把社會科基本唸過一輪，也開始演練北市模擬考題與歷屆學測題，將自然組不熟的社會科提升為強科。這時候他開始也思考自己的未來，想要到國外唸書，離開舒適圈，拓展自己世界觀，本想申請香港大學，卻錯過報名時間，後來轉申請中國大陸的復旦大學，順利申請上了！但由於父母擔心他隻身前往大陸生活，種種因素下，沒有前往就讀，時間點上也錯過了台灣申請大學的時間。所幸他的底子扎得深，先前學習的基礎穩固，唸書習慣也沒有中斷，後來在七月指考，順利考上台大工管。

宇杰的成功經驗，值得學習的是

1. 發現自己的弱科，除了尋找外界協助，自己也願意下苦功，補齊該唸的內容，為了拯救國文整整唸了五套資料。

2. 每天花固定時間接觸文科，頻繁地練習，順利建立國文與英文的語感。

3. 在作文方面，討論寫作觀點與佳作閱讀，活化了語言的思考與文字的使用，對寫作上很有幫助。

4. 以字數要求少的短文練習代替長篇作文練習，自此建立信心，而後逐漸學會精煉的文字表達。

5. 讀書不忘拓展國際觀，胸懷抱負不狹隘，具有獨立與宏觀的成熟思考。

◎不受框架影響勇於突破。

「讀」到深處無怨尤，
但讀書不是情愛不該包容！
馬上解決問題以免產生更多問題

根據心理學：「產生誤會時，應該在兩天內溝通，不然就會對感情產生裂痕，而且道歉對著右耳說，接受度會高於對著左耳說。」類推到對學習的誤會或問題，也要趕快在一到兩天內解決，才不會造成學習的裂痕，累積久了，學習的信心基礎都要裂垮了。要會讀書就要學會問問題的方法與技巧，以下是我的建議。

有問題，需要分類與統整

問題產生，要先對問題進行分類與處理，有時候累積很多，可是背後的概念是相同的，理解一題就能通曉多題。不應只是死記答案，而是真正理解問題背後的概念。一道問題有**三個步驟**要解決：「**A 理解背後的理論，B 選擇適當公式，C 算出答案**」，然而這 ABC 三個部分，很多學生永遠只問 C。如果學習是只想找出解答，會把所有題目都單一化處理，這樣的學習只是表面化，要往 A 與 B 的層次理解與學習，才是真正的學會。

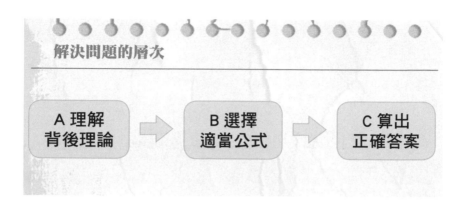

問問題的對象選擇

★ 先問自己與詳解

　　想要貪求方便，讓別人告訴你解答為何？這樣的學習心態是錯誤的，而且相同概念的問題，轉變另一種問法，又會陷入瓶頸。

　　遇到問題請先問自己，如果有詳解也請用心研究，自己想辦法弄懂，當中的掙扎與思考的美妙，還有理解後的成就感，是從別人直接講解得到答案，所無法達到的美好境界。

★ 第二步：問同學

　　自己左思右想，反覆推敲過後，仍有小問題未解決，如果是一些學習的小環節無法跨越，找到即時可問的同學討論，可於彼此討論的過程，再度確認概念，幫助雙方學習得更完整。

★ 最後問老師

　　如果發現問題源自於學習的方法或是大觀念的理解錯誤，這時候請向老師提出疑問，明白告訴老師學習的困難點，相信以老師的豐富的教學經驗與資歷，能夠協助解決學習上的困難。

　　如果有問題不問，以數學舉例：高一排列組合問題會延伸到高二機率統計，再到高三機率統計 II，是一系列的學習，基礎問題不解決，以後都會受影響，年級越高，越需要跨章節的理解，所以請不要累積問題，立刻動手解決吧！

最溫暖的依靠！與家人互動好、脾氣好，分數也會好

在家吃好、睡好、心情好：考好成績的三大要素！

28

一個人若能夠吃好、睡好、心情好，幸福感會大大提升，而且做任何事情充滿正向積極的能量，產生良好循環。

高中生正處於尋找自我與學著獨立的混沌時刻，對自我價值疑惑，很容易脾氣不穩，加上年紀輕，溝通技巧不足，與家人關係常會緊張，尤其與父母更是容易一言不合而劍拔弩張，減損了幸福感，也使家庭關係緊張。

為了讓家一直是個溫暖的依靠，成為忙碌學習之餘，真正可休息的港灣，下面有幾項建議。

需要良好有品質的人際互動

一項美國心理學分析，票選最無聊的工作是「郵差」，這裡指的無聊是「**重複不需思考的動作＋與人沒有正向互動**」，如果持續無聊下去，累積一、兩個月後就會導致痛苦的感覺出現。

所以，適當的人際互動可以維持幸福感，不必時時刻刻黏在一起，過分黏膩的關係反而減損幸福感，適當時

機的傾聽、溝通、分享，縱使短短十分鐘也能製造幸福感。

如果沒有人陪伴時，可以找其他快樂源頭，例如：一項統計說聞到馬鈴薯的味道，心中會有平靜和諧感；聽一首自己喜歡的歌曲，也能讓心情放鬆……等方式。

定時飲食、不過飽

一項日本心理學分析，吃早餐的男性比不吃早餐的男性更有成就！因為早餐是一夜睡眠之後，第一時間的營養補充，能夠提供大腦與身體運作啟動的能量，使其運作順利。

所以定時飲食很重要，尤其早餐不可省，吃飽之餘，也注意飲食均衡，以提供各樣不同營養素，讓身體不同功能運作流暢。

如果吃太飽，思考速度會下降，所以吃八分飽最恰當。

睡眠重質不重量

睡眠不宜過長，控制在六到七小時就會睡飽，在固定的時間睡覺、起床形成規律，對於因應考試的活力是有幫助的。

讓親子相處愉悅的建議

家是提供歇息之處的港灣，多數考好的學生，常是家庭相處融洽，與父母溝通良好，心情平衡，在家裡可以充分放鬆休息。

下面是幾個與父母相處較常發生的問題與建議的解決方式。

Q：父母基於愛之深、關心急切，頻繁詢問孩子考試成績表現，孩子容易誤會考好，才會獲得父母的愛，因而產生摩擦。

父母與學生都應調整心態，將每次小考成績視為段考前的參考，不需汲汲營營，次次在意，避免徒增親子摩擦。

段考成績除了知道分數高低之外，還需參考班級平均與其排名，因為考試難易不同，會影響成績總體高低。檢討成績重點應著重在考試扣分處，隨後是否搞懂，下次需要進步幅度的設立，學生應該主動告知家長，何時期中考、成績發放時間，與其討論。

許多成績產生摩擦的狀況，就是家長關心心切，小孩想逃避討論，而造成摩擦，如果同學對自己的學習負責，主動與家長討論，有助維持親子關係。

Q：家中每個人都有情緒要發洩，該怎麼做最好？

當人在情緒的高點，實在不適合討論與溝通，所說的話不會婉轉修飾，常有情緒化的字眼脫口而出，不論親子哪一方，都應避免這點。

讓情緒穩定下來，平靜的狀態下，平心靜氣地討論，表達關心是一切的源頭，才能達到真正溝通的目的。

Q：父母過度的期待，造成孩子的壓力，如何排解？

　　父母要理解每個孩子不同的個性與發展，而學生要擔負起學習的責任。

　　所以，適切地約定好短期目標，以可達成且有實際執行步驟的目標為佳，例如：數學實力在六十分的學生，要其在一次段考後達到八十分，目標設立超越孩子能力過多，可能會造成反效果。

　　人對無法達成的目標，可能採取應付，甚至放棄的行為，就失去了目標設定的意義，所以父母與孩子約定進步程度，以短期目標與可逐步可達成的階段性為佳。

Q：父母喜歡與親朋好友比較，造成負面情緒，如何避免？

　　人都不喜歡被比較，但是如果家族人數多，親友多、兄弟姐妹多的家庭，很難不產生比較。父母作出比較，出發點都是源自於關心與期待。比較的確是一種動力，只是在措辭與討論的過程，可以以柔性的方式表達，重點著重在學習他人的優點為何？可以學習的方法是什麼？如何提供孩子學習的方法？

　　而孩子要先轉換心態，不要排斥比較，認同比較是一種適當的動力，就不會對比較有過度的情緒反應，無法得到其動力來源。

考升學考試是一場長時間的馬拉松，能夠盡量維持吃好、睡好與心情好，家的陪伴與支持是重要的，父母宜適度讓孩子有遭遇挫折與失敗的時刻，只要靜靜陪伴，不需急於出手幫助，適度的挫折有助孩子學習獨立。

爸爸媽媽們，請耐心等待時間的淬鍊，使孩子成為完整的大人吧！

29

考卷不只是日記，
更是學習的健康檢查！
別只傻傻訂正考卷，更要看透考卷背後的秘密

	會讀書	不會讀書
會考試	思考敏捷，分數高、成就感大。	憑運氣，猜重點，通常大考滑鐵盧，應請教老師讀書方法。
不會考試	壓力緊繃，情緒低落、易焦慮，應請教老師。	先從認真聽課開始，理解課本找重點，並請教老師考試應對之策。

　　有人讀書很認真，但是考試卻無法達到與努力成比例的成果，這時候考卷就是一種健康檢查，能診斷出讀書的問題。

　　不唸書就考好的人，運氣造就了成績，可是運氣總有用完的一天，面對考試還是以穩紮穩打的實力，才是可以倚靠的，所以考好不要得意，反倒要戒慎恐懼地趕緊補齊沒有唸的進度，不然運氣離開的那天，會跌得很慘。

　　針對考試，我提供以下建議。

有唸書考不好，那是不會抓重點

有些學生很認真抱著許多資料研讀，反而混亂了簡單完整的初始觀念，所以唸書請以一本參考書籍為主，想盡辦法精通熟讀，一本唸透徹，還有時間練習再找第二本，第二本就使用瀏覽的方式，熟爛的基礎練習不須再操作，只需概念複習，遇到變化題型再動筆，如此就不會有抓不到重點的問題。

唸書應是引水活化形成循環，而不是因應問題想要築堤阻擋，經過日積月累的水量，是會沖垮堤防，完整理解概念，引水循環形成動力，才是好的學習方式。

抓到考試重點，還需提升答題能力

要把考試考好，還需臨場反應快速與答題技巧穩固，所以適當的練習考題要限時完成，練習不同類型題目的答題技巧，例如選擇題可以使用刪去法；閱讀測驗可以先讀題目，再唸文章用關鍵字找答案……等等。

訂正不是影印，要內化理解

在我為學生講解題目的過程，時常發現講解當下有些人埋頭動筆苦抄，看似很認真，其實潛藏了隱憂，因為他的腦袋是放空的，不假思考就把黑板上的算式一字不漏的影印回去，這樣講解再多次也沒用，因為學習是需要內化，將所學變成自己的。

所以，建議聽懂再抄寫過程或摘要重點，甚至就自己反芻所學，親自動手解答一次，是比較好的方式。

考卷別丟！靠著整理檢討找出學習問題

　　訂正的考卷當下大都感覺理解，要測試是否真的學會該題概念，請在兩天後，自己再做一次練習，就可以知道先前的理解是否為真，還是複印解答殘存的概念，誤以為學會。然後蒐集完整一次段考的考卷，請勿任意丟棄，可以利用檔案夾分門別類收好，或是將錯誤影印整理，剪貼成冊，在段考前一到兩週，將所有問題並列比較，就會發現自己唸書的問題點有哪些是重複的，找回源頭的概念，再次熟讀，文科使用表格分析比較，理科動筆計算，可以自我補強不足之處，也再次把不懂的觀念從頭到尾理解通達。

訂立金字塔目標，獲得達成「幸福區間」的成就感
有付出就有獲得，讓你嘗到奮鬥後的快樂！

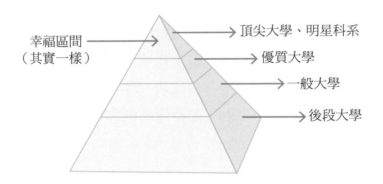

幸福區間
（其實一樣）

→ 頂尖大學、明星科系

→ 優質大學

→ 一般大學

→ 後段大學

　　設立目標請以區間設定，不要以點設立。舉例來說，以第一名的成績進入台大醫科與最後一名進入台大醫科，其實是一樣的，這是一種知足的訓練，也是降低得失心。對於成功，有渴望的心情是好的，但是過度渴求，造成過分的壓力，削減了到達成功時的成就感與快樂。所以，要學會設定適當的目標，了解達成的過程是漸進式的，非一蹴可幾。

訂立目標的過程當中，我們以考試的頂、前、均、後、底五標為例，在後標的學生要達到頂標所花的時間，一定比在前標的學生更多，每個人的資質不同，努力總有停滯期，還是得不斷努力維持，而超越頂標之後，到達鐵板區，就得靠過人的毅力與熱切的心去追求卓越，這些都是不同的狀況，相同的是，記住只要有前進就是贏，前進得慢只是東風未到，也許逆風而行，但也是朝著目標一步一步走去。就像想要唸書專注，就要從可以專注十分鐘，到專注半小時，再到一個小時，循序漸進向前。

　　華碩在當時平板電腦市場尚未成形時，就不停研發新產品，並且一步步整併公司部門，終於創造公司的最大價值，成為華人的驕傲。

　　月薪三萬要到月薪三十萬，不可能一步登天，一定是一階一階累積成就，最終不知不覺就達到了！有唸書就要看到有立即性或超越努力程度的成果，是一種妄想，許多考試的大黑馬，都是傻傻地做完該有的努力，等到哪天，頓悟點一到就翻身躍龍門，這需要用心體會努力艱辛的箇中滋味。

　　送給各位一句話：「目標設立，不是一箭正中紅心，而是足球射門，進到網裡的都是得分。」

第二章

甄試技巧
大公開

選填志願停看聽
大學能力測驗 vs. 指定科目考試

大學入學管道架構圖

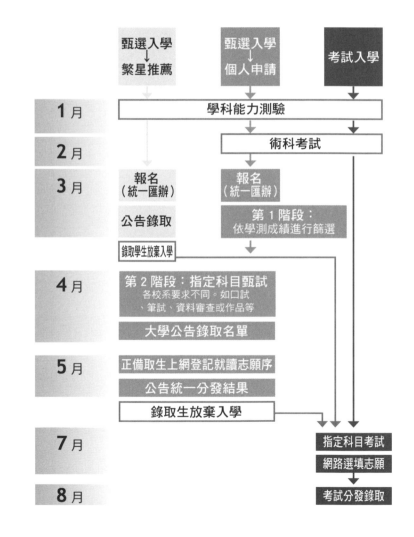

	大學能力測驗	指定科目考試
考試時間	每年一月第三、四週的星期六、日，共兩天	每年七月一、二、三日
考試範圍	高一～高二課程內容，分為五大考科：國文、英文、數學、社會、自然，所有考生五科都必須報考。	高一～高三課程內容，分為十個考科：國文、英文、數學（甲）、數學（乙）、歷史、地理、公民、物理、化學、生物，依照各學系所需採計考科報考即可。
考題走向	不分社會組或自然組學生，所以考題以靈活思考的基礎題型為主，目的在於檢測整體學生對五大考科的熟練程度。	考題較學測為少且深入，會考到較為詳細的課程內容。
計分方式	每一考科以十五級分制採計，滿級分為七十五級分。	各校系採計不同科目，並有加權重點科目。
入學方式	繁星入學與申請校系，第一階段採計大學能力測驗成績與在校成績挑選合格者，第二階段依照各校所需面試、口試或筆試。	填卡成績分發。
以此方式入學學生比	六～七成	三～四成

註：詳細完整資訊搜尋網站：大學入學考試中心（http://www.ceec.edu.tw/）

入學方式比較

★ 繁星計畫

在校內成績評比後，各校有不同的標準，主要是審核校內學生在校成績的百分比等級與學測級分排出名次後，高中提出校內以繁星申請大學各校系的學生名單，而大學校系再審核名單，公佈繁星入學的學生。

★ 申請入學

每個學生可以申請校系的名額有五個，依各年制度修改而名額多寡有所不同，以一〇二學年度而言，考量重複上榜人數過多，使得部分科系申請錄取人數不足，或需要較多的備取名額，例如台灣大學限額一個人至多填寫三個校系。其他學校要求請見各年度考試簡章。

★ 申請志願的策略

比較往年各個科系的最低錄取成績與報章媒體比較前一年與今年分數的誤差，依照興趣與落點找出五個校系申請，建議申請分配夢幻校系一個、平盤校系兩個與穩上校系兩個。（提供下列表格參考）

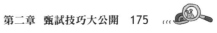

校系分類	過濾條件
夢幻校系	● 考量未來發展前景與自我興趣最吻合的校系。 ● 去年最低錄取總級分數高於自己今年總級分二到三級分內。 ● 去年最低錄取各科級分數與自己各科級分差距在正負一級分內。
平盤校系	● 考量未來發展前景與自我興趣相符的校系。 ● 去年最低錄取總級分數等於或小於自己今年總級分二到三級分。 ● 去年最低錄取各科級分數等於或小於自己各科級分。
穩上校系	● 考量未來發展前景與自我興趣相符的校系。 ● 去年最低錄取總級分數小於自己今年總級分三級分以上。 ● 去年最低錄取各科級分數小於自己各科級分。

入學常見問與答

2

想要利用繁星計畫
入學需要的有利條件？

所謂繁星計畫，意思就是高中三年在校成績表現優異者，申請大學有其優先權。畢竟在高中三年要維持名列前茅，必定需要極大的毅力與極高的自制力去努力唸書，讓自己的在校成績在學校排名前百分之五，而且各科不宜有不及格，以免拉低在校百分比。這類學生使用繁星入學最有利，自高一開始，每一個學期都要主動向導師詢問成績分佈，最好各個科目排名都為前三到五名，尤其國文、英文、數學三科最好都要前三名，以保持在校成績的領先位置。

不論你的高中為何，只要能維持學期總成績在校排名前 1 ～ 2％，且學測成績達到學系要求，就能申請到頂尖大學與明星科系，此時沒有學校的區分，機會人人平等。

若目標為同一校系，申請入學較重視學測級分數，而繁星計畫較重視在校成績，舉例而言：同樣要上台大經濟系，繁星計畫入學者學測級分約六十五到六十八級分，而申請入學者級分為七十到七十二級分，繁星計畫要求學

測級分略低於申請入學。因為根據往年調查顯示，由繁星計畫進入大學者的大學學業成績較申請入學者平均成績穩定，應該是繁星計畫入學者大都具備穩定的唸書習慣，努力維持兩年半至三年間優秀的課業成績，所以各大學繁星計畫採計級分數略低於申請入學。

如何讓自己申請入學的備審資料更豐富？

1. 參加社團與營隊

　　如果可以在高一升高二暑假或是高二寒假參與有興趣的大學營隊，或是在高一、高二以不影響課業的狀態下參與社團活動，有機會到校外表演比賽或成果展覽，學習社團中人際相處與遭遇問題的解決方式，都能夠讓備審資料中經歷的部分更豐富。

2. 擔任幹部

　　平日如果有擔任幹部或是小老師也是不錯的學習經驗，不是以幹部證書多寡評斷，而是在擔任幹部期間學習到的經驗，試著統整過後，與人分享經驗，讓辛苦服務、學習處理眾人事務的成果，能有所呈現。

3. 比賽經驗

　　有特殊專長的學生可以試著參加校內外、市級或是全國性的比賽，擁有競賽經驗也是特別的經歷，即使沒有得獎，比賽的參與過程也是種經驗累積，可以做為面試當中經歷部分的題材，當然，得獎更是能力上的肯定。

4. 生活、成長事蹟

(1) 參與公益：募捐發票，救助老、殘、窮；協助喜憨兒販賣麵包……等。

(2) 為弱勢服務：到老人之家與長輩同樂、到孤兒院與小朋友生活……等。

(3) 出國旅遊經歷與心得：異國風情人文的文化衝擊、外國友人與自己生活的差異心得……等

這些成長經驗，只要抓對重點陳述，展現出與眾不同的特色，就能讓教授對你印象深刻。

申請入學需要準備的文書資料？

每個科系要求不同，但基本上都會包含以下四項。

1. 在校成績單。

2. 學測成績單。

若想以申請入學的學生，表示自己在校成績未達繁星要求，所以要把握國文、英文、數學三個主科展現優勢，想上國立大學必須三科總級分達四十級分，每一科最好在十三級分以上，而總級分最好在六十五級分以上，對於考上國立大學的好科系機會較大，而想上頂尖大學需要國、英、數三科總級分達四十二級分，總級分最好在六十八級分以上。

3. 自傳與備審資料（幹部證書、營隊參與、語言檢定、競賽獎狀……等資料）。

4. 科系研究或小論文

自己有興趣的校系背景與現在該科系的專業研究與相關的熱門話題，可寫成小論文附在資料中，準備在第二階段面試中發揮。

如何避免高分低填的狀況？

可先以兩到三個補習班或升學落點系統粗估落點，做為挑選眾多校系的參考依據。即使自己的總級分不在決定申請的校系落點估計的範圍內，也不用失望，務必打電話去該科系系辦公室詢問過往三年學測其校系錄取最低分數，找到準確的數據，再判斷自己是否要提出申請。

申請入學至少該申請
幾個校系比較保險？

高中生參與面試的經驗不多，除了與老師、同學或家人練習外，平日也少有機會練習。假如申請三個以上的校系，並且都能進入第二階段面試，那麼前往第一個學校面試時，或許會因為經驗不足，表現不是最佳。但是以此經驗可以做為第二個、第三個面試機會的前哨戰，累積經驗，會越來越熟練，應對方式會精進，而錄取機會也會增加。所以請至少申請三個有機會前往面試的校系，增加自己的上榜率。

何時該確定是否參加
七月的指定考科考試？

考完大學學力測驗後，成績好壞，大致底定！最晚要在高三的寒假結束前決定方向：到底要考指定考科，還是繁星申請？

在學測考完的兩天內找到報紙上學測各科解答，趁著記憶猶新，對答案來預估得分，誠實地面對自己的成敗，有助於決定是要以繁星計畫或申請入學，就必須接著準備備審資料與口試練習，或者是選擇七月指定考科考試，再度投身規律唸書的行列。

要考指定考科的人通常是以下兩種人。

1. 在學測考試的兩天表現失常，遠低於自己在校表現與模擬考成績，不願屈就於現在成績隨意選擇學校，下定決心再度衝刺者，這種人往往早決定，提早收心準備，心理建設強，指考成績往往都能扳回一城。
2. 經歷學測戰役磨練發現自我潛能，期許自己能夠在往後四個月更努力，有機會超越學測成績，並覺得準備申請入學非自己優勢選擇，所以，再度投入指考行列。

我不是美術班的學生但想考
美術相關科系，沒有作品集怎麼辦？

很多學生發現自己興趣是美術相關科系，都是在高三才決定，這時候擔心自己沒有美術相關的作品集。後來才決定唸這類科系的學生，平時大多已有參與教室佈置、熱中投入於美術課或工藝課的創作、喜歡做手工作品當作禮物、隨筆畫出自己的概念與思考……等等，其實這些就是現成的作品集素材，花些巧思，編排放入作品集中，如此就能有基本作品的量，是能讓教授看出學生的藝術天分與熱忱的方式。

眾多獎狀與照片，該如何放入自傳內容，才能有效加分？

如果將出生以來所有獲得的獎狀與參與各類活動的照片全都塞進備審資料，試圖以「數大就是美」的方式博取好感，這方式並不適用，因為教授只有短短數分鐘翻閱你的備審資料，反而會顯得雜亂無章，看不出個人特質，產生失誤，無助加深教授對你的好印象，所以必須掌握下列要點：

1. 重點精要知一二：

過多重點等於沒重點，找出最佳的一到兩個經驗、富含意義的照片或特別的獎狀發揮足矣。

2. 能聊的特殊故事：

能夠引發話題與教授交流的照片或參加比賽經歷。

3. 能強力凸顯特質：

能夠充分表現個人特質與能力的獎狀與照片。

自傳要怎麼寫，才能脫穎而出？

自傳重點就是「自我介紹」，內容建議掌握以下四個方向：

1. 個人與家庭介紹：

重點在點出性格上的優點與家庭教育對個人的影響。

2. 求學過程與經歷：

特殊的學習經驗與趣事分享。

3. 申請動機：

表現出對於申請學系的熱忱。

4. 未來目標：

了解進入大學學習的重點科目與初步認識未來出路。以這些內容撰寫，抓準重點，展現出獨特個人「創意」與組織文章的「完整性」。

撰寫自傳有什麼編排技巧，才能顯示重點？

除了少數的設計科系重視自傳的設計感外，許多的學系看自傳重點在於版面配置是否能一目了然，重點在「清楚」。大學教授看自傳可能不到五分鐘，就是翻閱而已，所以編排清晰的秘訣為以下四點：

1. **顯眼易懂的標題。**

2. **重點字句字體加粗或畫底線。**

3. **利用簡易圖表傳遞複雜概念。**

4. 適時添加重要照片。

掌握文字編排的重點與文字輕重的變化，讓教授在很短的時間內，快速擷取重點認識你。

想要申請的科系真的不熟悉，我該怎麼辦？

1. 查詢網路

現在網路資料流通方便，要找出申請校系的網頁真的不難，重點是要看什麼內容。進入各個系所網頁先找出大學部課程的課程大綱，了解大一、大二必修科目為何，必要時，由課程名稱去書局或圖書館找大學用教科書，將其概論內容大略理解，並能說出重點，為日後面試做準備。

2. 尋找唸該科系或從事相關產業的學長姐

如果剛好認識相關科系的學長姐，可以詢問他們學習專業科目的經驗與課程概要，就好像有導遊帶你參觀一樣，讓他們為你簡介校系，比起自己找資料要方便且快速多了！

如果找到已經就業的學長姐，恭喜你！他們除了可以簡介校系外，更能夠深入地與你討論就業的甘苦談，這對於面試推甄回答問題的廣度與深度，又更上一層樓。

用學測成績申請進頂尖大學的秘訣

3

準備自傳和備審資料

　　一本好的自傳與備審資料，厚度約二十到三十頁，如果太少，沒有份量，所要傳達資訊就會不足，無法全盤了解個人特色與經歷；如果太多，資訊繁瑣、重點太雜，考官無法仔細閱讀重點，也無法一目了然地認識面試者。（如果申請校系要求固定格式的備審資料呈現方式，請詳見校系要求。）

　　內文的設計包括文章邊界、選用字體、每行適當間距、閱讀重點標示都應該注意，以整潔大方，方便閱讀，能夠立刻了解各章重點的編排方式為主要考量。有些同學因為要凸顯個人特色，選用設計感太強烈字體，導致文字閱讀不易；過度花稍的背景頁面設計，導致內文反而是在襯托背景，重點失焦；行距過窄，導致閱讀文章不順暢……等等，這些問題都應該避免。另外，一〇二學年度起已有許多學校改為電子書格式的自傳，不需印出紙本資料，避免學生花大錢過度包裝，重點在考驗學生用精簡的字句表達自己。這部份更應由專業有經驗的老師指導。

備審資料內文設計建議

1. 封面：以溫暖的色系，如鵝黃、淡綠、天藍色，加上使用磅數較高或防水膠處理的紙質，能夠凸顯整本自傳的質感。
2. 頁數：A4 紙二十到三十頁，膠裝為佳。
3. 字體：以容易閱讀的標楷體、細明體……等字型編排。
4. 行距：以單行行距為準，適度調整。
5. 文章邊界：邊界留 2.5~3 公分為佳。
6. 重點標示：以粗體、畫底線、換字體顏色標示，凸顯閱讀時首先看到的視覺重點。
7. 製作費用：花大錢裝訂美化，過分花俏，並不適宜，使用適當的費用，平均一本成本約 200~300 元，做出版面編排清楚並具有個人內涵、特色的資料最為重要。

學習前人引以為鑑：
尋找好的考古資料與諮商對象

多請教有經驗的師長或考上各個校系的學長姐，就是最好的諮商對象。

有經驗的師長可以協助準備備審資料的方向與修改。通常由學校的輔導室協助學生處理升學相關諮詢，歷年來，學長姐申請成功的歷史資料都可以在輔導室找到。請積極尋找有經驗的老師協助模擬面試。

找到應考校系的學長姐，可以更進一步由學長姐就學的經驗，了解學校系所特色與發展重點，他們修習過系上教授所開課程，對於老師的個性與要求有所了解，如果

能跟應考校系的學長姐聯絡，等於得到第一手資訊，準備的方向明確，對申請面試大大地有利。

備審資料取材特色

1. 用故事代替平鋪直敘

「我現在十八歲，家裡小康，我有一個爸爸、一個媽媽，還有一個妹妹……」如此不受青睞的方式，卻有八成的學生都以這樣的開頭撰寫自傳，這樣介紹家庭背景只是在填滿篇幅，對於介紹自己沒有任何特別之處，倒不如寫個人特色或是特殊經歷，讓別人能夠了解自己，如果要寫家庭組成也許可以換個方式撰寫，重點著墨於與家人的相處氣氛與父母的教養對於個人性格養成的影響，比如說：「從小學起，週末父親總會帶我去爬山，剛開始，幾次我都爬到上氣不接下氣，想要耍賴放棄，他總是鼓勵我終點快到了，只要再撐一下下，就到達山頂。也許是因為登頂的成就感，或是到達山頂兩個人分著從山下帶上來美味的熱湯，抑或是山頂美景遼闊的感動，學會堅持爬到山頂，這件事情變得簡單起來。這樣的經驗讓我學會不輕易放棄，往後做事遭逢困難、想放棄之時，只要憶起父親鼓勵的話，多撐一下，很多事情最後都能完成。意志力堅強的父親用登山，教會我不放棄。」用故事的鋪陳去讓教授理解家庭教育的影響，比起直接說「我爸爸很重視不放棄」，更富有感染力。

平鋪直敘 vs. 故事架構的自傳範例

直白不經修飾敘述	以故事架構來述說
我對藥學很有興趣，學習製作紫雲膏是我第一次和藥學接觸。	加熱板上滾著麻油和紫草，藥材的香氣使人愉悅，我用殷殷期盼的心情和謹慎的態度，完成我生命中第一罐紫雲膏，這是我和藥學的相遇。
學習需要手眼並用，加入工作坊可以學到很多東西。	操作中得到的經驗是無可取代的，我希望透過工作坊的短期訓練和之後的傳業學程訓練，例如：跨媒體創作學程、廣告企劃學程等，進一步了解貴系的精華，讓知識不再只是眼睛和考卷的專利。
我的家庭有四個人：爸爸、媽媽、姐姐和我，我爸在海上做生意，我媽是專職的家庭主婦，我姐姐是台大政治系畢業的。	我出生在一個平凡的家庭，但我的家人帶給我不凡的影響。 父親年輕時曾在遠洋商船上工作數年，跑遍世界各地，培養出開闊的視野和國際觀，因此，他總是要求我時常去關心國內外事件，了解國際趨勢與世界接軌，也教導我由多元角度觀察事務。

2. 備審資料應擊中要害

　　介紹自己不宜使用過多直白的敘述，例如：「我大方、熱情、喜歡思考、愛與人相處……」這樣直接而繁多的敘述，無法讓主考官切中要領，理解哪一個才是你獨特之處。

　　所以在撰寫自傳，應該思考擁有眾多優秀特質下，哪一、兩個特質，符合申請校系的需要，也能夠充分代表自己，進一步把特質在融入生活事件中，結合事件變成故事舉例說明，例如：想要考取外交系需要具備外語能力與大方的溝通，就可以下列故事說明：「在我高一那年寒假，和爸媽一起到英國旅行，由於是自助旅遊，要找景點都要自己主動開口詢問，所以在出國前，我做了功課，把很多在旅遊時需要使用的英文問句練習數次，以備不時之需。第一天，我發現實際開口問需要很大的勇氣，也發現自己的英文腔調，與英國腔調很不同，很多時候，我必須請他們慢下來多說幾次，才能聽得懂意思，不過幾天後，我開始不害怕問路，與他們對話的速度也變快了，這次的經驗讓我了解，原來溝通不難，重點是要放膽問與聽懂腔調差異。」上述的經驗，就可以讓外交系的老師知道你是一個有和英國人溝通經驗的學生，更能進一步與老師交換當時旅程中的趣事，把緊張的面試變成輕鬆的聊天。

3. 如何撰寫讀書計畫

　　在讀書計畫中，要提到自己對於本科系未來出路的了解，找出感興趣的兩、三個方向深入了解工作內容與發展，並精要地寫出來，表示對未來工作有所了解，或是要繼續升學，自己想要報考研究所為何？表現出對未來企圖心，在還沒有入學的現在，就開始思考工作的大方向，也要事前下工夫了解。

撰寫讀書計畫應注意下列四個重點：

● 動機要清楚：教授就是想知道你為什麼要進他們系！也決定了他為什麼要選你。

● 提出具體課程與科系特色：知己知彼百戰百勝，想唸某個系就要了解他們。

● 寫可以達成的目標：空泛不切實的目標，寫了沒有意義。

● 善用表格、條列與加強標題：讓閱讀者一目了然。

　　讀書計畫基本上分為三個階段撰寫，分別為進入大學前暑假的自我充實階段；大一到大二的築夢實踐階段；最後是大三到大四的展望未來階段。

a. 進入大學前暑假的自我充實階段

　　這時尚未進入大學，擁有較多時間可以自我探索，讀書計畫內可以排定與未來學系相關的參觀、課程或是學習課程，例如：唸獸醫系可以到動物園申請公共服務，進一步認識動物；唸美術系可以到美術館、博物館實習，多欣賞各類展覽，涵養美學概念；唸社工系可以到關懷之家當義工，學會與無依的小朋友相處……等等。安排暑假短期打工計畫，賺取零用錢之餘，也真正去認識一份工作，增加社會經驗。或是報名英檢並排定讀書時程，因為外語能力的聽、說、讀、寫都很重要，很多大學畢業門檻需要英檢合格，可以趁最空閒的暑假，先提升外語能力，或是大量而廣博閱讀增加自己的閱讀量等。

b. 大一、大二的築夢踏實階段

這時已經是大學生階段，要踏實學習專業科目的內容，此時所學都是未來投入產業工作的基礎，所以要了解專業科目的內容，簡要地寫讀書計畫，並且藉由大學公佈於網路上的歷年行事曆，了解學校或系內的重大活動或各類社團活動，在讀書計畫中提出自己想參與的活動，展現積極參與的意願。

c. 大三到大四的展望未來階段

大三、大四必須決定未來是否要繼續升學或是進入職場，所以在讀書計畫中，要提到自己對於本科系未來出路的了解，找出有興趣的方向深入研究工作內容與長期發展，並精要地寫出來，表示對未來工作已有藍圖；若要繼續往研究所升學，必須要描述自己的動機。

在現在尚未入學前，計畫表應表現出對入學後的企圖心，並思考將來出路的選擇，事前下工夫了解。這樣一來，教授不選你要選誰？

面試前的自我訓練

1. 肢體動作要自然

肢體動作的協調，可以掩飾緊張的情緒。面試當下一定會緊張，這個情緒會連帶影響主考官的問答輕鬆感，所以，使用全世界共通的笑容出場，維持自然的微笑，可以讓人放鬆，給人親切感，增加主考官對自己的好感。練好走路的協調性，應避免有同手同腳、抓衣服角等小動

作，暴露緊張的情緒。

2. 講話速度要恰當

　　講話速度應該配合主考官的講話速度，不疾不徐的速度可以穩定情緒，若講話的節奏過快，會讓人緊張，過慢則失去熱絡感。

　　建議基本上以一秒說兩、三個字的節奏，每間隔十到十五秒適時停頓，要講述重點時，節奏稍慢，音調略微上揚，這樣的講話速度，能抓住考官聆聽的注意力。

　　要如何自我訓練呢？因為智慧型手機的普及，內建的錄音程式與錄影程式方便使用，留下聲音紀錄或影像紀錄的狀況，可以更快抓出自己講話速度的問題，修正起來也更有效率，所謂「工欲善其事，必先利其器」，需要訓練口條，快點錄下來吧！

3. 講話要有抑揚頓挫

　　像唸經的聲音總讓人昏昏欲睡，容易專心度下降，本來說話內容精采萬分，沒想到因為平緩的音調，導致讓聽者覺得無趣生硬，浪費了內容的精采度。如果沒有辦法理解什麼是聲音的抑揚頓挫，建議觀摩舞台劇，舞台劇的演員對於聲音的掌控程度絕佳，他們要當場藉由聲音表現情感，深長無力的口吻表現無奈絕望，節奏流暢分明的口吻表現愉悅急切，引起觀眾共鳴。不用以舞台劇誇張的表現，但是藉由他們清楚的聲調控制，可以抓住不同聲音表達的情緒，所以，講話要有適當的高低起伏，才能讓聽者，也就是面試主考官，藉由聲音了解你想考上的熱情。

4. 每天練習和人打招呼

　　人最怕的就是活在自己的「舒適圈」，每天只跟好朋友聊天、只跟喜歡的人相處，談論你們都覺得開心且感興趣的話題。面試，就是嚴重跨越「舒適圈」外的事：你必須學習跟年長的人溝通，自然地表達且言之有物。如果沒有好好練習，等到上場的時候很容易支支吾吾、詞不達意。打招呼是一種很棒的練習，每天跟不太熟的同學說聲早安，有三個很棒的功效：

- **練習開口跟不熟的人說話。**
- **練習微笑、化解尷尬。**
- **將不自然的事情化為自然。**

　　幾週下來，你會發現你的笑容變自然了，也比較容易跟陌生人開口說話。一個內向的學生跟我分享他練習一個月的心路歷程：「剛開始真的好難、好難。我幾乎連一天一個都做不到……為什麼？因為很怪啊！跟人家又不熟還要打招呼。後來，先從朋友的朋友開始練習，朋友在旁邊鼓勵我。一週之後就好多了，我甚至可以跟不認識的人打招呼──他們問我為何這麼熱情，我就把自己的行為改變計畫內容，跟他們分享。」

　　託招呼練習的福，原本上台一個字都擠不出來的他，後來與教授面試，竟然可以侃侃而談。打招呼，絕對是你練習面試的一個重要開始。

5. 每天練習說一個故事

有一本很棒的認知心理學書籍《行為的藝術：五十二個非受迫性行為偏誤》裡面曾談到，真人真事常常具有「顯著性效果」，一個好的故事，常常可以抵過一百句「特質描述」。我們的大腦有專門負責記憶故事的腦區，所以一些生動的畫面會被完整的記憶下來，故事總是比理論更能讓人印象深刻。 由於這樣的記憶特性，「特殊經歷或故事」就比空泛的「特質」描述好（這點在備審資料裡面也一樣）。我們可以看看下面兩個自我介紹的例子。

A：「我是一個謹慎、果斷、做事認真負責的人，也善體人意，在班上人緣很好。」

B：「高二那年運動會大隊接力，我剛好擔任體育股長，一個同學在操場上跌倒，膝蓋撞到水溝蓋，上面的皮不見了一大半，還可以看到白色的骨頭，同學都很驚慌，七嘴八舌地說要抬他去保健室，我雖然也很緊張，但因為我記得健教課有上過『在確認傷勢前不要隨意移動傷患』，所以我趕緊請一位同學去通知保健室老師，請其他同學先不要搬動他，並安撫他的情緒直到老師來。還好沒有搬！後來護士發現他右腿骨折！」

這兩段自我介紹，傳達的都是同樣的人格特質，但是後者用更生動的方式，讓教授記得他很謹慎（評估現場狀況）、果斷（請同學不要搬動傷患）、做事認真負責（體育股長），在班上人緣很好（叫得動同學），善體人意（安撫情緒），當然更容易受到青睞。因此，每天練習一個說

故事，不但可以讓你練習架構一個好故事，也可以訓練你的表達技巧。教授沒有太多時間可以認識你，你必須在最短的時間內，就在他們的腦海中留下好印象！

6. 每天照鏡子十分鐘

俗話說「人要衣裝，佛要金裝」，但最重要的外在其實不是衣服、不是外表，而是你的自信與笑容。有另一句俗話說「相由心生」，我們總是花太多時間在羨慕別人，花太少時間觀察自己，自然不會注意到自己的樣子有什麼轉變。你上次好好站在鏡子前面，看自己的模樣是什麼時候？你喜歡自己身上的哪一個部位？是耳朵、眼睛，還是肩膀、大腿？以下是照鏡子的練習流程，供大家參考：

- 身體掃描：從頭、臉頰、喉頭、肩膀、胸膛、腹部到四肢，逐一檢視自己的身體、感受每一個肌肉收縮與脈搏的跳動。盡量把速度放慢，讓視覺停留在自己身體身上久一點。

- 臉部凝視：試著用你的臉表達你的情緒。回想一件快樂或難過的人生經歷，然後觀察鏡子中你的表情，那些表情是否真的反映出你的心情呢？或者，在表情中還是有一些壓抑？

- 練習自我介紹：照著鏡子練習說出自己的自我介紹，約一到兩分鐘。試著感受鏡子裡的自己所說出來的話，是否有力道？是否灌注夢想和憧憬？一般來說，能確切表達熱情的學生，都擁有吸引人的眼神。努力讓自

己的外型、聲音與內容都能一致，就掌握了面試成功的關鍵，而且要反覆練習十次以上，練到背稿感消失，變成可與人輕鬆對談的狀態。

7. 每天聽新聞，練口條

　　如何在短時間內說出吸引人、重點明確又清楚的內容？有一個有效的建議，就是模仿播報新聞的主播。新聞主播經過長年訓練，從擬稿、架構順序、調整內容等等，都以聽眾好理解最為優先，當然適合做為口試準備的參考。聽新聞的時候，建議注重以下三點：

- 主播的聲音表情、抑揚頓挫：重點詞句如何強調、舉例部分的音調起伏，都是可以模仿學習之處。

- 稿子的流暢與架構：同樣是播報一則社會新聞，如何在一開始就引起大家的興趣？有些主播會條列內容於後方看板並逐一解釋；有些會提出學者的觀點與看法，做為新聞的標題等等。**吸引人的架構通常是「寶塔型」：把重點先點出來，再逐一說明細節。根據認知心理學的「初始效果」，通常在面試時的前幾分鐘你所說的內容，教授會記得最清楚，一定要把重點在一開始就交代完。**

- 接觸新聞議題：成為一位準大學生，最令人擔憂的就是和社會脫軌。遺憾的是，每天補習、課業纏身，連睡覺都沒有時間了，哪裡有空關心社會大事呢？每天聽新聞的附加好處，就是一邊把最近發生的事情放

進腦袋裡面，進一步結合你所要申請的學校專業與時事，更是面試時的加分利器。以下是我一個學生阿偉的例子：

「像颱風過境在基隆附近山上墜落的巨石，其實原先是碧砂里附近的『老鷹石』，老鷹石的翅膀部位曾在一場颱風中被破壞，後來又因為連日大雨沖刷，最後成為巨石滾落。當時由於岩盤下方的土石一直遭受沖刷，巨石塊根基不穩，海洋大學就曾對這顆『飛來石』舉辦過座談會，並指出這其實是環境的警訊……」

阿偉巧妙地把時事與他想推甄的地質系做結合，成為申請該系的一項重要利器。

8. 準備話題因應面試：適時端出好菜

申請面試之前，學生們總是又緊張又焦慮。我最常聽到的問題是：「如果教授問到我不會的，該怎麼辦？」

多年協助學生下來，我發現最有效的招數就是轉移話題。是的，你沒看錯，就是轉移話題。為什麼呢？老實說，教授們的生活都很忙碌，要忙課務、研究，還要處理行政事務，其實很少有時間看你的備審資料，或是有空想一些符合你程度的問題。

根據我的統計，下面三題是大學申請面試時最容易出現的問題：

- **了解特質**：請簡單自我介紹一分鐘。
- **確認動機**：你為什麼會來申請？對我們的系了解多少？
- **專業展現**：試述你對○○的看法？你對○○有研究嗎？

其中，第三題的○○處通常是教授最近有興趣的議題，例如服貿協議、金融海嘯、上帝粒子等等。發現了嗎？如果問這些問題，教授「根本不需要準備」！可是，通常我們對第三種問題最擔心、最沒招架能力，該如何應對？畢竟，教授也知道我們不如他在專業領域鑽研深刻，所以你只需要回答「你知道的事情」，也就是說，只要準備好一至兩道話題，然後好好地把它烹調好（架構內容）、端上桌（適時表現）。

承襲阿偉的例子，上面三題的答案其實都可以用同一道菜來回答：

（1）「我是一個喜歡追根究底的人，像之前我很好奇基隆的巨石墜落成因是什麼，於是就上網找資料……」

（2）「據我所知，貴系主要的研究是東南亞島弧地質形成與演變，我對這方面很有興趣，像日前基隆碧砂里附近的『老鷹石』就是因為……」

（3）如果教授問：「試述你對岩漿流成因的看法？」你可以這樣回答：「我對岩漿流比較少研究，但是我也關注地質地貌的變化與生成，例如先前基隆的飛來石……」

這些回答並非刻意逃避，而是一種讓你「在時間限制內把能講的說出來」的方式。試想，是在有限的十分鐘問答中，支支吾吾地回答了不擅長的岩漿流好呢？還是奮力把你所知的議題傾囊托出好呢？教授的問題多半只是想認識你，多表現有準備的內容，才有可能讓他對你有「記憶

點」。切記，在面試的現場只有一個必勝原則：準備好的沒有說，等於沒準備！

進場面試前一定要注意的事項

1. 面試這樣穿才不 NG

面試是一個正式的場合，與教授初次見面，第一印象很重要。穿著是一門學問，得體適當的衣著，可使印象大加分。

傳統面試的情況下，男生都會穿著西裝，而女生穿著套裝前往，當然隨著時代改變，對穿著的想法變得多元，不一定非得穿西裝、套裝前往。所以，上半身基本上著襯衫，男生搭配長褲、女生選擇長褲或裙子穿著，是最常見且安全過關的穿著。把握下列幾個重點：

● **簡單整齊**

● **表現尊重**

● **具有年輕活力**

簡單整齊的穿著給人俐落感，增強穩重感，所以挑選基本款式、合身舒適的長袖襯衫為佳，不宜選擇過分繁複、無袖或挖背、搖滾鉚釘⋯⋯等設計，基本搭配建議男生以白、藍、淺粉色系，搭配深色西裝褲或休閒褲；女生以白、粉紅、粉黃、粉紫色系的襯衫，搭配

深色長褲或是五、七分裙裝。鞋子以皮鞋或有正式感的休閒鞋為佳。切記要先穿過自己搭配的服裝，確認穿著起來舒適大方，不會過度貼身或寬鬆，平日練習口試也可穿著服裝練習，增加臨場感，也確認當天的服裝穿著在講話做手勢或動作時，不會形成阻礙或或有暴露的情形產生。適切的服裝可以增加好感度，選對衣服為面試加分。

2. 備齊資料

在面試的前一天晚上就須備齊所有需要的資料，可以事前列出清單，將需要的東西逐一打勾檢查，再放進隨身的提袋中。到了面試現場，拿出需要呈給教授的資料，記得擺放資料要有順序，需要使用時，依序拿給教授，避免當場手忙腳亂的窘境。最好的方式是連想要特別提出討論的資料頁數也記得一清二楚，以方便告知教授翻閱。

3. 熟讀內容，擬定草稿

對於自己的備審資料要熟悉內容之外，也要預想教授面試時會詢問的問題，準備應對內容，把要回答的內容以「條列式」、「關鍵字詞」的方式簡記在小張的便條紙上，方便在面試前的預備時間，在腦中快速喚起先前無數練習時的記憶，做最後一次的整理，直到進到面試考場前，再把小張便條紙收進口袋中即可。

4. 問到不會的，要轉換到你有準備的話題

面試時間短暫，要讓教授對你留下印象，能夠對談的內容越多，越有機會，所以當教授對你提出問題，卻不知如何回答時，請委婉地說：「教授，不好意思，關於這個

問題，我沒有研究，可是對於⋯⋯（某個議題），我有下列看法⋯⋯」快速地把話鋒一轉，把預先準備的議題拋出來，並且有自信且穩健地說明看法，讓教授可以由你主動提出的話題，明白你的思考，讓對話繼續下去。

5. 提早到現場場勘

如果能在前一天或提早到面試學校察看環境，找到面試教室，會減低面試當天的緊張感，有助於表現自然。如果面試學校在外縣市，無法提早一天前往，務必在面試約定時間前，提早一個半小時以上抵達。倘若無法提早而準時抵達，容易因為舟車勞頓，心情尚未平復，無法靜下來預演流程，很難發揮最佳實力。面試遲到是大忌，萬萬不可。

提早抵達熟悉環境，喝個水、到化妝室整理儀容，接著準備資料，在開始面試前十分鐘，找個空曠的地點，將自我介紹、準備專題等資料有力地唸出來，提振精神與自信。然後，從容不迫地準備與教授「聊天」吧！

6. 當場筆試小論文的作戰策略

小論文旨在了解學生的特質與發現潛能，所以應該避免過分的咬文嚼字，需重視下面五個要點：

- **重點切題：針對重點一針見血的回答，不需要一再重複或長篇大論。**
- **觀點連貫：答題頭尾邏輯與看法要一致。**
- **創新思考：找出有別於一般的看法，以「正、反、合」觀點論述。**

- **表達流暢：注意為文的「起、承、轉、合」，用字遣詞適當、有力。**
- **合於規定：如果有字數或是寫作規定，請務必注意。**

　　平日就要認識申請的校系與相關時事，做為寫作題材，每週一至兩次練習主題式作文，再與老師討論內容，也可活用書中所讀內容，重新組合在文章內容。

7. 團體面試的教戰守則

　　不同於個人面試，團體面試更考驗一個人在團體中是否能夠展現自信，抓準時機表達，也同時兼具尊重團體的互助合作特質。下列幾個要點是在團體面試要注意的事項：

- 保持自信禮貌的態度：眼神能夠禮貌地注視著每個發言的人，不僅是教授，還有一同面試的同學，展現自信，肢體語言要從容不迫。
- 找對說話的切入點：多人回答時，要能綜合大家的觀點，把握時機展現自我，抓到選擇題目的時機，找到好題目主動回答，更能夠表現突出。
- 展現主動積極的個性：多人一同面試很容易被隱沒在人群中，所以有機會發言時，必須以小故事或個人經驗穿插，多提正面開朗的經驗，提升被教授記住的機會。

常見的團體面試形式

1. 國外大學來台招生重視語言表達與英文能力。
2. 理工相關學系重視集體研究與合作，並爭取互動。
3. 三到七人小團體面試，舉手式回答，應主動爭取。
4. 集體抽籤，即席回答專業問題。

面試最忌諱的七大禁忌

- 忌不理解所說專業名詞，隨意詮釋。
- 忌空泛表面的說法，一問就倒，若引用數據務求精準正確！
- 忌愛提沒有重點的國外旅遊經驗，應提到旅遊給予的經驗。
- 忌暴露自我缺點，應展現所長與自信才會加分。
- 忌申請動機沒想法，以科系熱門、親友推薦為理由太老套。
- 忌不相干的社團經驗與沒特色的比賽經驗。
- 忌說只有自己想聽的興趣或喜好，應由教授想聽的入手。
- 忌團體面試時，過度膽怯消極或是忽視團體急功好利。

讓面試考官非選你不可的說話技巧

重視三大態度：謙虛、熱忱與誠懇

- 謙虛：不因高中就讀學校好壞，自我膨脹或過度自卑，

因為拿到第二階段面試門票，大家起跑點一致，應該善於藉由故事述說自己優點，以及生活上的處理能力。

- 熱忱：以開朗自信的心情表達，讓教授感受到你的熱情。
- 誠懇：「不知為不知」，誠實的應對與表達，對談時，眼神誠懇直視面試教授或同學。

善於靈活應變：清晰、條列、邏輯佳

- 清晰：說話不疾不徐，重視抑揚頓挫；論點以簡短扼要為佳。
- 條列：聽到問題立即組織思考，列出要點，分點論述；客觀的陳述看法，要有不同角度的觀點、分析，但勿妄下結論。
- 邏輯佳：講話流暢，因果有序；回答不跳針重複，力求合於邏輯。

面試應抱持著「動之以情，說之以理」的心態前往，面試並不苛求學生回答標準答案，而是考驗學生臨場反應與面對問題時的態度，讓考官知道你的熱情，誠實的回答所問，言之有物，也不失親切，每個問題都是一個挑戰，隨機應變，就用平日練好的「態度」有自信的回答吧！

經典口試考古題

1. 請花一分鐘用中文或英文自我介紹。

2. 與家人的互動情況如何？

3. 你的休閒活動是什麼？為什麼喜歡？

4. 你高中最喜歡哪一科或單元？為什麼某科成績不理想？

5. 你參加過什麼社團？最有趣的經驗是什麼？如果沒有參加，為何？

6. 你最有成就感的事情是什麼？你曾遭遇過什麼重大的挫折，如何面對？

7. 你最喜歡的一本書或一部電影是什麼？讀完或看完之後的收穫又是什麼？

8. 詢問你對某件社會議題或研究發展的看法。

9. 測試你的英文能力（閱讀文章或翻譯）。有無學習第二外語？

10. 幫你寫推薦函的老師是哪一科的老師？你們平日的相處互動如何？

11. 你總共申請了幾所學校？為什麼？如果都上榜，你選擇哪一間大學？

12. 想進入我們學校與就讀我們科系的動機為何？

13. 你對我們科系有什麼認識？有什麼課程是你感興趣的？有無參與營隊經驗？

14. 試解釋本科系中某個理論及其應用。

15. 請說出你有什麼特質，值得我們錄取你？

16. 假如申請入學就考上，漫長暑假的時間你要如何規劃？

17. 對我們校系你有什麼想了解的？還有什麼事情想告訴我們？

18. 畢業後未來的發展方向為何？

MEMO

保持一顆熱烈的心，才能度過種種考驗，
讓心中不滅的熱情，陪自己到達成功！

第三章

優秀備審資料範例 vs.
引以為戒 NG 自傳

1 謝孟蓉／中山女中→政大廣告
表格化設計／撰文內容有引導問句／學校有限制字數

五、學生自述

注意：本頁係屬學校推薦報名表一部份，受推薦學生均須親自填寫。

興趣與特長： 我喜歡創意。不論是彩筆下的絢麗，或是字裡行間的文字遊戲，甚至從音符的節奏敲出無限都是我曾經嘗試過的。「全民最大黨」製作人陳志鴻說過：「創意是發現，不是發明！」構思要如何送出一份最獨特最屬於他的禮物變成家人朋友生日時我必做的功課。一塊作科展剩下的 PP 板裁成一片片拼圖，用溫暖的橘色、紅色、蠟筆拼湊，讓媽媽在母親節那天感受我對她的愛。用簡單的壓克力顏料在一件衣服上揮灑；十二張白紙填上我和朋友共同在乎的日期，變成一本月曆；一片學校必用的桌墊、一首放進 IPOD 的歌…都成了我恣意擴張創意的地方！經過高一參加政大廣告營的洗禮，我開始習慣留意週遭的廣告碎片，光陽機車的彎道情人用小說般的情結扣人心弦；洗衣機裡的衣物都成了美麗的海底世界；安全帶緊緊繫住本來應死去的靈魂…我驚覺：不用聲音卻能說話的廣告才能打入心底！像魔戒翻譯者朱學恆說：「一切都是愛！」
學業及課外活動之表現： 高二暑假我被徵選上參加遠見 CEO 領袖營，學習成為一位能領導自己、連結世界的領袖。但是，如中原資管系副教授吳肇銘說：「人生，是用生命碰觸其他生命的一段時光」忠於自己的堅持外，我了解要讓自己成為一個空杯子，永遠都有空間注入別人可貴的見解。就像自己參加的戲劇社團，觀眾眼前讚嘆的一齣戲，是所有人彼此磨合、溝通、奮力一搏一起作出來的，拿下台北市創意優勝獎、獲得到國小宣教的機會及舉辦大型售票演出，種種豐收的果實，是屬於我們團結的驕傲！高一我花了將近一年的時間投入生物科展，因為動物習性的不確定性，我和組員在一開始飼養實驗品－蜘蛛時就遇上瓶頸，伴隨熟練後而來的是指導老師的批評，因為這是一項零和遊戲，實驗要創新、要內容、要有意義，不只是養寵物而已，歷屆學姊的光環更是一件包袱壓在肩頭，每天中午、放學和假日我們把自己關入實驗室，和最初的夢想奮戰。之後我們以令人驚嘆的高一身分拿下校內優勝代表參賽，最後在全台北市生物組中奪得研究精神獎。當中，除了用汗水及熬夜做出一份有價值的專題外，我學習到從完成度零到百分之百的每一步驟，重視過程每一圈環節，因為永遠不會知道少了那一點的重要性。世界上沒有一蹴可及的成功，我從這些活動裡汲取到高它很多分的價值！

未來學業及生涯之展望：
【廣告=創意+行銷】之前我和很多人一樣，都單純以為廣告就是電視上看到的 30 秒影片，殊不知這根本只是冰山一角。我希望以後能接觸更多創意的來源及將產品在顧客面前大放異彩的行銷評估和策略。
【充實自我，航向國際】有人說，一定要將腳踏出去，才能看見更遠的地平線。在擁有一定程度的傳播學基礎後，我希望能有機會前往國外進修，閱覽更不一樣

的人事物，因為我相信媒體這條路沒有國界，隨時都在更新，所以接觸不同的文化氣息能對這個領域注入新生命。
【動手動腦學習】操作中得到的經驗是無可去代的，我希望透過工作坊的短期訓練和之後的專業學程訓練，例如：跨媒體創作學程、廣告企劃學程等，進一步了解貴系的精華，讓知識不再只是眼睛和考卷的專利。

其他：
【和廣告的第一次親密接觸】高一暑假我參加了政大廣告營，一個讓我驚覺：我有機會將創意融入廣告，然後行銷全世界的契機！活動的最後是做出一份吸引人的企劃案，將前幾天所學的如：架構分析、效益評估、廣告策略、公關經營和創意發想等…展現出來！報告完後看著夥伴們的黑眼圈，我知道那是一起奮鬥過的痕跡！一盤散沙混進水和泥土，就能比花崗岩更加堅硬，我相信團結發出的光芒總是比自己一個人還要閃亮！有一句話一直被牢記在心，是聯廣總監黃守全說：永遠對廣告打上一個「？」。於是，政大廣告系成了我正努力追求的一個理想。

2 姜映廷／景美女中榜首→台大藥學

無表格化設計、撰文內容自由發揮、學校有限制字數

加熱板上滾著麻油和紫草，藥材的香氣使人愉悅。我用殷殷期盼的心情和謹慎的態度，完成我生命中第一罐紫雲膏。這是我與藥學的相遇。

我的家，伴我成長

生長在台北，擁有平凡且幸福的家庭。父母對我的教育並非升學導向，媽媽總說，健康才是最大的財富，我只希望你能過的幸福快樂。而哥哥對我的影響力更是深遠，從小，哥哥就是長輩眼中的優秀生，一路都是第一志願升學的，然而，在我血液中好勝心的種子，隨著哥哥越加優秀它就萌發的越加茂盛，因此即便還沒上幼稚園，就急著提筆寫字；就算連一個字都不懂，就想要閱讀書本，常常拿著顛倒的書讀著。這樣對於書與筆的接觸使我對於求知有旺盛的欲望。哥哥對我來說不僅是目標更是偶像更是朋友。

小學，基礎萌芽

閱讀，是在小學養成的興趣和習慣，而校園中的圖書館是我下課時的好伙伴。像許多現代孩子一般，才藝班陪伴小學生的下午時光，但多數孩子都視才藝班為累人的苦差事，但是和其他小孩不同的是，不管是英文、鋼琴、長笛、小提琴、書法、作文、美術等，都是我向媽媽要求的，我樂於學習所有的才藝，甚至書法老師曾說：「你走書法這條路有前途。」而我當時在課業上的表現更是名列前茅，這正是追隨哥哥的腳步努力著，最後更以市長獎畢業。

國中，面臨轉折

國中時，曾參加校內科展獲得優選，以及英文演講比賽第一名，對於理科和英語的興趣正是由國中建立起。從小學時延續的好成績，令我對於唸書更加有自信。一直以來的優秀成績，使得師長對我有無限的期待，都認為我一定能順利進入前三志願的高中，然而命運似乎認為我必須多學習一些，於是我在國中階段最重要的基測失利，當時我難過、生氣、不服氣，甚至開始懷疑自己，但是最後在時間沉澱下，我漸漸看清，自己所不足的正是面對考試的抗壓性。在現在看來，這次經驗使我得到不少，也更加了解自己，而且增加自己面對逆境時的耐挫力。

高中，和藥學相遇

擁有兩個校園生活，使我不同於他人。最初考上和平高中，雖然一開始不適應，甚至不願認同和平，但是之後和同學們的相處、熟識之下，使我能漸漸融入同學們。在和平時參加和暗康輔社，使我了解到康輔並非完全在於玩樂，而是能夠學習如何與他人合作、溝通，最後形成一場成功的活動。雖然在和平的生活十分愉快，但「轉學」的念頭始終沒有消失，雖然曾捨不得才剛建立的友誼，還有和平的生活，但畢竟念書環境的影響是十分深遠的。於是高二時轉學到景美女中，雖然一開始對一切都很陌生，但很快的，我就融入了景美，在景美影響最大的即是上課氣氛，班上同學總是大方舉手發問，而且每個人都完全投入在課堂中，這完全改變了我對上課的態度，並且和同學們一起發問、吸收老師的教學。

高一升高二的暑假，參加了台大藥學生活營，使我完完全全愛上藥學，不論是營期中的「中藥草概論」、「社區藥學概論」等，都非常引起我的興趣，於是從那之後，我立定藥學為志向，期望未來能成為一名臨床藥師。

王而立／成功高中→台大政治
無表格化設計、撰文內容自由發揮、學校無限制字數

學生姓名：王而立
申請校系：國立台灣大學政治學系國際關係組
入學管道：推薦甄選

自傳

家庭背景

　　我生長在一個平凡的家庭，但我的家人帶給我的是不凡的影響。

　　父親年輕時曾在遠洋商船上工作數年，跑遍世界各地，培養出開闊的視野和國際觀，因此，他總是要求我時常去關心國內外事件，了解國際趨勢與世界接軌，也教導我由**多元角度觀察事務**。

　　身為全職家庭主婦的母親，教導我對每一件事都要有一份執著，對疑問處要**有追根究柢的精神**。不論事務的大小，母親總是全心的投入，從她的身教中，我學會了實事求是的態度。

　　姊姊畢業於台大政治系國關組。她的讀書態度給我極大的影響，她努力不懈的求學態度讓我了解到：**勤能補拙**。即使沒有天資聰穎，也可以靠努力不懈的態度來補足。此外，也因為她就讀於政治系，讓我對政治系有比較多的認識，進而產生了興趣。

求學生涯

　學業進步

　　國小二年級，在經過數次測驗後有幸進入**三興國小資優班**就讀。在資優班的三年中，因為各種課程的加深加廣，讓我學得比其他人更多。在小學六年中，我**曾三度當選模範生**，這對我來說是一種榮耀，也是一種鼓勵。獲選模範生讓我學會自制、自我要求，為了要能成為別人的模範，對自己的品性及學業都有所要求。接著進入信義國中就讀，國中三年的成績都保持一定水準，使我得以在畢業時**領到市長獎**，並且進入成功高中就讀。

　謙虛成長

　　在成功高中我學會了謙遜與尊重，在這裡的同學無一不是精英，從他們身上我看到了自己的不足，促使我不斷地學習以求進步。高二下學期時，因為老師的鼓勵，**製作了一份小論文──「現代社會親子溝通問題之探討」**。在撰寫小論文

的過程中，我學習到了如何查詢、整理、分析資料，以及從各種角度對主題做進一步的分析，同時我的邏輯思考能力更進一步，思想層面也有所進步。此外在整理相關資料時，我看到一些數字的統計中寫著「十個失蹤的青少年當中、有八個都是自己離家出走。去年，平均每小時就有一個青少年離家出走」，而少年離家的原因多半是與父母溝通出了問題，這些數字顯現出現代家庭溝通問題。在研究、整理資料的過程中，我了解到了與父母溝通的重要性，以及許多控制情緒、言語使用等溝通的能力。

團體領導

國小一年級時我便開始擔任班長直到國中畢業，因為老師希望有經驗的同學能繼續連任為同學服務。在國中三年當班長的期間，我帶領同學參加每一次運動會，以及校慶時教室攤位的布置與安排，如此長達九年的時間內，我學習到了*領導班級*、*規畫事務*、調解紛爭、洽公手續等能力。此外也帶領同學一起參與校外教學、隔宿露營、畢業旅行。在國三即將畢業時，在老師的推薦下使我有機會*在畢業典禮上擔任司儀*。排練的過程中，我一度認為無法勝任。但是當手握麥克風，聲音沒有一絲顫抖的大聲唱名時，我克服了在全校師生前面講話的舞台恐懼，信心與勇氣也增加了許多。

在升上高二時，我在音樂短片製作的作業中*擔任總召的職務*。這次的職務讓我學到比以往更多不同的經驗，像是拍攝時間的安排、進度的控制、工作的分配等，這段經驗讓我在領導、安排計畫的能力都突破以往的表現。

文化交流

求學生涯中我也曾有兩次次的交流經驗。國小六年級時，在父母與老師的鼓勵下，參加了學校與*南投國小的城鄉交流活動*。另一次經驗是在升高二的暑假時，在父母的鼓勵下參加一個與*大陸延安中學交流的活動*。

在南投的四天三夜交流活動中，我看到的是台北與南投生活環境的不同。在台北，學生面對的是車水馬龍、大量的才藝課程、一張張的成績單；但是在南投，學生下課花時間在運動，或是自己喜歡的活動，像是研究昆蟲或是美術勞作。比較兩地的學生，除了生活腳步與品質的不同外，生活態度的差異也讓我大開眼界。這次的交流讓我對南投更多的認識，而非只是課本上所學的。

第二次到大陸延安中學是我第一次有機會跟台灣以外的學生做交流。在大陸的十天，我看見的是對岸學生勤奮的態度。當我才準備要安排暑假時，他們早已拿起課本開始念書，同樣都是即將升高二的學生，我在他們身上看到我所沒有的

態度，除了抗壓性之外，對岸學生有著強大的企圖心與決心。還有一點是我觀察到兩岸學生在言語表達的差異，大陸的學生是勇於表達自我的，反觀台灣的學生有時候只會暗地裡的發言，而不敢大聲表達自己的意見。另外，兩岸學生的創意想法也有所不同，相較於台灣較自由開放的社會環境，大陸的學生在思想上受到箝制，也因此創意將會是台灣學生的優勢。比較兩岸學生讓我發現到自己的不足與優勢。

報考動機

　　第一次聽到台大政治系的名字是在五年前，當時姊姊在選擇就讀政治系時曾查過許多資料，我發現到政治系所要學的許多內容我都有興趣。譬如說政治學中研究政治體系或政治行為都讓我相當好奇，像是為什麼政府要去規劃一個政策，原因是什麼？怎麼去推動、執行？或是政府體制的運作方式，高二公民的政治學也讓我更好奇想深入學習相關知識。

　　另外一點是國際關係。我一直對外國歷史有很大的興趣，除了經濟發展、文藝演變、文化發展之外，世界各國的政治關係也一直很吸引我的目光。從《西發里亞合約》的簽定，現代國家概念的形成，一直到各國關係的發展，這些歷史過程都讓我驚嘆不已。隨著全球化腳步的進展，各國間的關係也越來越密切，牽一髮而動全身，這些原因促使我想了解更多國際間的關係。

　　而政治與經濟的關係也是另一個值得我學習的課程。政治與經濟的關係是一個權力與制度操作的關係，一個國家的發展好壞跟這個國家的經濟實力是正相關的。人類自史前時代便懂的交易，隨著時間的推移，國與國之間的交易也越來越密切，因此國家的經濟越發達，它也就越能控制或影響其他國家，而政治與經濟其中還有許多關連性是我沒有學到的。

　　基於以上幾點動機，所以我選擇推甄台大政治系，希望可以更進一步了解更深入的知識。

王榮麒／建國中學榜首→台大國企

表格化設計、撰文內容自由發揮、學校無限制字數

個人簡歷

成長背景	➢ 我父母的家庭教育觀十分民主，任何事都可以經由討論，達成親子共識。 ➢ 我的父母十分樂意讓孩子經由思考後做決定，以培養出獨立思考及意見闡述的能力。 ➢ 家人都熱心參與學校與公共事務，「助人為快樂之本」是我由此得到的最大收穫。 ➢ 求學路程中家人一直都是我心靈上的重要支柱，在遭遇挫折時使我具有永不放棄的勇氣。 ➢ 每年暑假均會出國旅遊增加國際觀廣度並參加當地學校暑期課程。
學習歷程及成果	➢ 取得多益測驗 935 分 金色證書(p.16 附圖 1) ➢ 高三時由第三類組轉往一類組，雖然體認到自己的興趣仍偏向法商，但也因有了高二理組的經驗，使我<u>兼具數理的邏輯推理能力以及人文素養</u> ➢ 進入建國中學就讀，即使忙碌於樂隊的比賽與練習之間，高中三年成績均能維持班上前十名 ➢ 國中三年成績皆為班排第一，以市長獎畢業(p.17 附圖 7) ➢ 國中時代表學校參加<u>台北市青少年高峰會</u>(p.18 附圖 10) ➢ 國中時於<u>網頁比賽</u>、<u>專題寫作比賽</u>獲得佳績(見 p.5) ➢ 國小時獲選「台北市資優班聯合成果發表會」學校代表 ➢ 進入西湖國小資優班就讀，製作專題研究於畢業發表會報告，加強了我<u>研究、文筆、資訊整理和組織以及表達的能力</u>
社團活動	高中階段參加的<u>樂旗隊</u>是我最快樂的時光。有更多的比賽、更多的表演、也有更多的練習。一群大男生在烈日下盡情揮灑汗水，為了達成心目中共同的那個目標，每個人無不盡全力讓隊伍更好。這兩年來不僅寫下我璀璨的高中生活，在如此多的競賽與演出中也讓我更認識我自己。
個人特質	"真正的成功來到前都要忍耐，努力再努力，時候到了，該屬於你的就會是你的。"這是我奉為圭臬的座右銘，不是來自偉人的名言，也不是來自大企業家的人生哲學，而是從我自身的經驗中歸納出來的。 ➢ 有系統的行事，習慣擬定計畫表實行，也能做彈性修正。 ➢ 我喜歡與人接觸，與人為善、廣結善緣。「三人行必有我師」每個不同特質的朋友都有值得我學習與欣賞的地方。 ➢ 我喜歡分組合作，與同學互通有無、互相切磋，達成目標、共享成果。 ➢ 待人謙和有禮是老師對我的稱讚，與同學老師間的頻繁互動、並成為同學口中的開心果、老師眼裡的好學生，是我學校生活最快樂的原因。

報考動機

　　三百六十行，為何偏偏要選擇財務金融？財務管理，是個人必備的能力；金錢融通，是國家重要的系統。以人體運作來說，財管像是養分的分配，金融則是血液的流動；以生態系的觀點，財管好比能量要去到該去的地方，金融就是資源有管道可以流通。財金，就是維持世界運轉的主要動力。

　　從歷史上最著名的大泡沫—鬱金香，到日本經濟失落十年，有多少事件是由於人們無知的貪心所造成的動盪。最近幾年的重大危機：金融海嘯，道德缺失的業者為了能多賺點錢創造的商品使得毒物在原本就不是那麼健全的世界生態系流動；歐債問題，自制力不足以為可以無止境的繼續賺錢而進行的一連串行為失當造就自己無法挽回的頹勢。這世界不缺乏聰明的人，我們需要的，是有智慧、有道德的人。

　　回到日常生活，平民懂得投資理財，可以在固定薪資且物價高昂的社會生存；科技大業、食品餐飲等產業賺取豐厚業績的背後，不僅有企業家以獨到的眼光管理經營，還得有投資人在評估潛力後給予資金。俗話說：錢不是萬能，沒錢卻萬萬不能，世界的運作與財務金融脫不了關係，政府編列預算興辦措施、股市交易、公司行號進行生意，小至一般人日常生活中對錢的運用。我希望進入此領域，除了使自己具備財務管理的能力外，在金融市場中願能做個有道德、有智慧的優秀財金人才。

Why Choose You?

台大是臺灣最好的大學，財金系在同類領域中更是頂尖的科系。擁有如此響亮的名聲無論是在學術界或業界尋找合作對象容易度必然很高，國內及國際上的知名大學都會願意參與交流，如武漢大學、北京大學等，業界如宏泰人壽也曾在台大舉行講座。畢業後的校友廣布各大企業，且幾乎都有很好的成就，將來出社會後就是寶貴的人脈資源。另外，台大財金系的課程設計是採循序漸進的內容，由淺而入深，對我而言效果會最好。台大財金系還在去年的 11 月 16 號與歐洲期貨交易所簽約，除了提供歐洲期貨交易的即時資訊可作為教學資源外，每年以全額補助的方式讓學生前往總部實習。如此龐大且豐富的資源，是一般學校不易擁有的。

Why Choose Me?

數學：我的數學能力強，國小就先修國中課程，對數字的敏銳度高。
英語：很小的時候就開始在兒童美語班學習。另外，由於親戚大多旅居海外，溝通時皆用英文，父母也每年都送我去美國上當地學校的暑期課程，如英語寫作、JAVA 語言等。父母對我的英語能力十分看重，請美語家教指導我參加英語檢定。因此我小學五年級就通過全民英檢初級，而中級因為有年齡限制的關係，升上國中一年級以後才得以通過。高中時參加 TOEIC 測驗得到 935 分金色證書及語言能力最高等級的認證(見 p.16 圖 1)，相當於全民英檢高級、CEF 語言能力參考指標 C1 流利級(參考附表 p.20)。
研究報告：在資優班所訓練出的獨立思考及資訊匯整的能力，一定能使我在將來的學習中有很大的助力。專題研究製作及報告的經驗豐富，國小資優班算是初試啼聲，國中後參加網界博覽會專題網頁、小論文寫作比賽等均有不錯的表現。
內在特質：我喜歡系統化的行事：先擬計畫而後評估成效，然後彈性的調整、執行。這是我一直以來的習慣，讓我能在同時得處理許多事情的壓力下順利完成應做的任務。參加建中樂旗隊，使我能吃苦耐勞，願意不厭其煩地練習，只為讓團體更好。與任何人皆能相處融洽、合群、喜歡幫助他人、擁有領導管理的能力、負責任的態度、對喜愛的事物具熱忱。

我一定會在台大財金系投注熱情、認真向學，期許自己達成「金專倫語一起來」的目標。

重要獲獎經歷

◆　音樂競賽

2011 年 4 月　台北市政府慶祝建國百年樂儀旗舞嘉年華演出

2011 年 3 月　全國室外音樂比賽　特優第一名（見 p. 16 附圖 2）

2011 年 3 月　全國室內音樂比賽　特優第一名（見 p. 16 附圖 3）

2010 年 7 月　德國波茨坦世界樂旗大賽冠軍（見 p. 16 附圖 4）

2010 年 4 月　台灣管樂協會盃　高中組　第二名

2010 年 3 月　全國室外音樂比賽　特優第一名（見 p. 17 附圖 5）

2010 年 3 月　全國室內音樂比賽　特優第二名（見 p. 17 附圖 6）

◆　資訊競賽

2008 中國大陸全國中小學信息技術創新與實踐活動甄選錄取（因四川地震無
　　法前往該地進行比賽）（見 p. 17 附圖 8）

2008 國際網界博覽會專題研究網站設計大賽　白金獎（見 p. 18 附圖 9）

2008 台北市專題寫作比賽　特優（見 p. 18 附圖 11）

2007 教育部急性傳染病防治衛教宣導教材設計比賽動畫組　特優（見 p. 19 附
　　圖 16）

2006 國際網界博覽會專題研究網站設計大賽　金獎

◆　其他

2008 代表學校參加台北市青少年高峰會議（見 p. 18 附圖 10）

2008 校內科展應用科技組　特優（見 p. 19 附圖 13）

2006 台北市深耕閱讀創作作品比賽　特優

2005 國際電腦創意寫作比賽　銀牌獎

2005 擔任兒童節才藝表演主持人

5 蔡宇杰／大同高中→台大工管
讀書計畫範文

展望未來，充分計畫：

近程階段(現在　9月)
1. 數學對商學院十分重要，除了完成剩下的高中學業外，加強高中基礎微積分，以便墊下基礎。
2. 英文是國際語言，具備好的英文能力絕對是學習上的利器，因此每天持續閱讀英文雜誌、收聽英文電臺，並且去地球村和外籍老師練習英語對話。隨時都要有最新的國際觀的知識，定期閱讀財經雜誌、收看國際新聞，並以不同的角度分析情勢所帶來的變化，以增進自己的思考能力。
3. 參加「耶魯大學遊學團」，六週課程內容包含商用英文、法律英文、發音修飾以及美國文化，置身處地的學習當地文化更可以加增進國際觀並且學習和異國人群的相處，培養聽、說、讀、寫的能力。
4. 和同學一起環島，一方面培養獨立精神，另一方面可以學習如何讓自己融入他人的生活圈中。

中程階段(大學四年)
1. 大一：先充實基礎課程，按部就班的學習必修課程，作出廣度的了解，穩固基礎，並和同學們相處，培養良好的人際關係。
2. 大二：累積實力，努力達成英文相關檢定，並把高一課程讀的透徹，選擇自己所喜愛的領域加以研究，隨時注意學校重要訊息，利用學校充足的資源。
3. 大三：參與學校所舉辦之交流活動，例如：參與復旦大學的交換學生…等，使自己更加增廣對於全世界的走向，隨時跟上時代的腳步。
4. 大四：爭取到外商公司或企業實習的機會，在進入職場前先熟悉企業的操作和對於貿易體系上的認知，幫助未來正式進入職場能更加穩固，了解整個市場的脈絡。

遠程階段(未來目標)
1. 全球化、國際化的趨勢下，未來的競爭遠比現在來的激烈，因此隨時增近自己的能力及知識是必要的，隨時注意國際經濟變動時所帶來的衝擊與變化，並且持續進修，出國研讀相關科系，培養更深的能力。
2. 「生於臺灣，貢獻臺灣」，運用自己所學到的專業能力及創新力，使臺灣在這個國際貿易的競爭舞臺上扮演著不可或缺的角色，使各國重視到臺灣，體認到臺灣是個重要的貿易夥伴，不容忽視。
3. 資源取之於社會，未來在社會生涯中，發展我的理想之外，不只是為了個人的成就，我將會把我所得到的資源回饋給社會及母校，成為一位成功的商管人才之外，也要懂的感恩，因此關懷偏遠地區，餅且把這份愛傳遞給全世界需要協助的地方。

6 平凡、不具吸引力的 NG 自傳

多數學生自傳敗筆的原因不外乎以下四種：

- 錯別字、標點符號使用錯誤。
- 日記式的敘述，文筆不佳。
- 屢提負面往事，態度消極。
- 缺乏對科系的經驗、興趣、事蹟、未來學習發展等內容。

以下範文為不受教授青睞的自傳，請以此為戒，勿類似敘述來撰寫自傳。

用詞如日記，屢次提到負面的事件。

自我介紹：

　　我是　　　。與父母、姊姊和奶奶生活在一起。

　　小時候的我　　　　　　　　　因為成績優異 所以有些自大。國中時我喜歡上畫畫，卻也喜歡藉由畫畫逃避現實中的升學壓力。每天把多餘時間在自己的天馬行空中打轉，偶而畫時間念書也抓不到方法，導致考不出好成績，最終進入一所名不經傳的高中，當時我對這樣的自己失望透頂。升上高中後我選擇放下畫筆，回到被課本與教科書包圍的世界。我決定要從零開始，還要拋棄愛逃避現實的我，並期許自己變得有毅力，要努力在高中三年奮鬥。

缺乏實際舉例，空泛的作文式口號！

成長求學：

　　國中時我尚未認識真正的自己，選擇和多數人升上高中，卻忽略了自己的興趣。剛開始，我後悔自己進入了高中，不能像其它人進入高職追尋自己的夢，但是後來我感謝選擇了這條路。

　　學科對於我很困難，需要花比別人多幾倍時間摸索念書的方法和許多觀念，但我選擇咬牙苦撐下去，高二順利通過轉學考進入更好的高中。儘管面對一次次的考試，我一次次的跌倒，但是我有毅力，它讓我有無限次再次站起的勇氣。我相信儘管前方的挑戰如此多，猶如太陽會永恆升起，我的未來亦是如此！

不具特色的往事，無法引起教授認同。

特殊：

　　小學時我會一次買十幾本無線筆記本，趁著學校下課放學時把自己的天馬行空畫出來，那時多偏重在人物的描繪。國中時我漸漸接觸到許多不同面向的事物，也逐漸將這些事物和我愛描繪的人物結合，讓畫面不再過於單調。直到高中我才正式接觸到素描水彩等專業領域，雖然剛開始畫一幅幅的瓶瓶罐罐等有許多技巧不擅長運用，自己對本身能力也有些還疑，但隨著學畫的時間拉長，並在考完學測時參加了畫室為期九天的密集訓練，我逐間發現自己所有的實力。素描中碳粉的運用、水彩中水分的控制等等這些技巧逐漸在腦中建立了系統，也讓我在每一筆之下有更明確的掌控；而我也相信這些技能將來也會對我的設計技巧有所幫助！

停留在童年時期，無前瞻性、無具體上大學的學習目標。

科系：

　　我的第一志願是商業設計系。

　　商業設計其實包含的很廣泛，但也因為其中的許多領域我都有興趣，尤其是其中的平面設計和產品設計。我期許自己可以將諸多領域集合並發展出自己的個人特色，就像聶永真結合圖文整合能力，在書籍和專輯的編輯策劃上有自己的一片天。

　　小六時我開始注意流行樂，發現許多專輯封面設計總令人耳目一新。之後慢慢了解這是平面設計的一個領域，而當中許多聶永真的作品，包括專輯上的字體、顏色、和表達的意象等等的具深度的理論，都在他的作品表面簡單的一筆一畫下呈現出新穎的創作理念，「化繁為簡」這是最吸引我的一點；然而我不想只侷限在平面上，將平面與實體結合更是我感到興趣的。過去參觀的設計展上很多產品不僅有平面設計的精采性，更進一步將平面與實品結合成整體包裝，這正是商業設計其中之一的產品設計，也是我有興趣的一環。

第四章

榜首心路歷程
不藏私分享

要戰勝的其實不是別人，而是自己

1

洪新維／建國中學→台大會計系／申請入學

　　由於進入建中人文社會科學班，我從高一就決定要往社會科學（第一類組）這塊領域發展。然而真正開始思考未來的方向，是在高二下時，參加台灣大學舉辦的杜鵑花節──大學科系博覽會之後。聽了各科系學長姐的解說之後，發現自己對於管理學院興趣最大，便為自己未來的方向定下目標。

　　我高一的成績在同儕中並非頂尖的 1%、2%，只能黯然放棄繁星入學的方式。但聽從吳迪老師的建議後，認為學測對於均衡發展的我是一項利多。因此訂下了「以學測為首要目標，指考為最後防線」的升學策略。

別把籃框設太高

　　吳迪老師說：「從自己有興趣或擅長的科目先著手，但不能放棄任何一科。」此外，我認為訂定適當的目標是很重要的，千萬不要設下根本無法達成的目標。籃球的籃框設在三公尺左右的高度，才會讓人有努力練習與進攻籃

框的動力，若是將高度設在一百公尺高的地方，那根本不會有人願意嘗試。

這樣的讀書思考很有效，讓我在班上的名次從最後一名，一躍成為段考前五名。在「投入時間與努力→得到好結果→增強信心→繼續投入時間與努力」的良性循環中，我得以保持奮戰不懈的精神，繼續維持自己的學習狀態。我覺得讀書就像是跑步，若將小考比喻為百米競賽，段考則為一千六百公尺體適能測驗，而學測與指考就是半馬與全馬的馬拉松競賽，短期的爆發固然有效，但持久且不放棄，才是達陣的不二法門。

在這場馬拉松競賽中，要戰勝的其實不是別人，而是自己。過程中常會遇到不可測的風暴，有時候像是鬼打牆似的，寫到數學有些觀念怎麼看就是無法理解；有時候又如彈簧的彈力疲乏般，失去了繼續奮戰的動力；有時候難以割捨的外務，如社團、朋友等讓自己分身乏術。當遇到瓶頸的時候，不能胡亂解決，而是主動「發現」自己正身處困境，只有在意識到問題發生的時候，才會思考如何去解決問題。與老師討論與釐清不懂的地方，適當地給自己一些休閒與喘息的時間、更有效率地做好時間管理等，都是不錯的方法。

選校？選系？如實呈現自己！

當長達一年的學測馬拉松終於結束，成績出爐，接下來面對的是另一個問題——該如何選擇申請的校系？有

些人認為選校不選系，排名比較靠前面的學校裡同儕的氛圍與學習環境是最重要的；有些人覺得選擇自己有興趣的科系比較重要，畢竟科系是決定未來出社會後領域的核心之一。

我覺得自己是一個容易受到環境影響的人，因此選校成為我的傾向。選到了比較好的學習環境，可以透過選課以及雙主修、輔系等方式達到原本自己訂下的目標，還能學到更多東西，這樣的方向是我願意去挑戰的。

了解自己的人格特質，不但對選擇系所很重要，對於準備備審資料與口試更重要。面試的教授或者審查委員想看到的並不是精闢的專業，而是人格特質與對於該科系的基本認知與了解。因此，要試著去呈現出最好的自己，並且做足對該科系的基本認識。將八十分的自己以八十分的狀態呈現，比將自己硬撐到一百二十分卻只呈現出六十分好多了。

能夠逆轉勝，我必須由衷感謝吳迪老師，建立我與眾不同的讀書方法，以及極高效率的數學學習方式。

做足事前的準備工作，再加上持之以恆的動力以及一顆穩定的心，前往自己心目中的第一志願並沒有那麼困難！

2

我如何從中間排名，成為建中七狀元之首

王榮麒／建國中學→台大國企系／申請入學

一直以來，我都決定要以學測申請為升大學的「唯一」管道，所以也沒有從特定的時間點開始思考要進入大學的事，總之，每當有人問我，我都回答：不考指考！並非我想提早成為大學生盡興玩樂，而是認為學測是一個比較適合我的機制。吳迪老師說，指考是有「特定科目較強」的人比較佔優勢，但我自認並沒有特別突出的科目，各科實力都差不多，於是選擇考期較早、但是考試範圍較少的學測。

有多少時間，做多少事

剛上高中，我一開始也是會懷抱著理想，各科都要像以前一樣拚到前幾名，可是班上同學都是國中成績優秀者，要在眾多競爭中脫穎而出實在不容易；同時，因為加入了樂旗隊，我們每週的練習時間相當多，常常回到家都已經晚上十點半，很累、讀書時間也有限，所以後來就改變自己的目標和策略：在有限時間之內，盡力做好自己能

力所及的事情。

我仍然會繼續唸到十二點左右，每天都維持著固定的唸書習慣，至少進度不要落後。段考前，樂旗隊都會停練一週，這時就能有完整的時間好好準備，也因為平時都有保持進度，也都還算專心上課，因此在複習的時候不會完全沒有印象。我的原則是「有多少時間，就做多少事」，我會評估這次有幾天的時間可以唸書，再看有哪些課本、講義要讀，安排出自己可以負荷的計畫表，不會因為怕讀不完而在唸書的過程中一直擔心，這觀念與我在準備學測的時候是一樣的。

從瓶頸中找到力量

除了學科成績之外，我覺得目標與能力的結合也很重要。以我來說，由於很早就確定自己將以法商學院的科系為目標，這些科系的第二階段均以面試為主——剛好是我比較擅長的部分，國中參加專題網站比賽的簡報（Presentation）經歷，使我在面對教授們的提問時能輕鬆自在的回應。

學測能夠考上是我最大的願望，可是能夠在樂旗隊，跟著學弟們一起出國比賽，又是我心中最大的期待。夾在願望與期待的矛盾，讓我陷入很長的思考。最後我在讀書考試與樂旗隊練習之間找到平衡點，跟一群有共同目標的同學一起打拚，那種成就與快樂感更是難以言喻的。

記得吳迪老師跟我們說過一段話，我到現在還記憶

猶新。「這些段考分數可能對你來說很重要，但是，想像一下，當你是大二或大三，會記得高一下第二次段考的成績嗎？還是會記得學測、指考的成績？所以，要懂得取捨，善用時間！」

真正遇上瓶頸，大概是高三的時候。每天到學校，不停複習、不停讀書，這樣單調的日子，任何學生都會感到無趣、感到低落，於是我訂定幾個目標要達成，像是模擬考的成績、讀完各冊的日期、演練學測題的日期，以及期末考後假日的規劃，生活有了目標、有了期待，才有動力繼續走下去。有時候，我也會感到徬徨無助，思索著這樣讀真的能進步嗎？這樣讀真的能考上我理想的科系嗎？有時候看著別人能很快地抓到重點、聽著別人滔滔不絕地回答同學的問題，就會反思自己，為什麼我好像都沒有這樣的能力，要怎樣才能達到這種境界呢？記得在遇到吳迪老師之前，我在建中的數學段考成績從來沒有七十分以上。當吳迪老師以獨特的方式點出我的唸書方法與計算數學的盲點時，我相信，只要做好準備，將該讀的書熟讀、該寫的題目完成、該理解的部分通通了解，不再鑽牛角尖，胡思亂想，等到學測，我也能有滿滿的信心作答。

在多項選擇中，
找到自己真正有興趣的東西

面臨校系選擇，會徬徨躊躇是很正常的。畢竟，沒有人認識所有的科系，同儕的感染力很大，但那未必適合

自己。我記得高一時對法律系有憧憬，高二、高三又覺得財金系很響亮，就懵懵懂懂想選商學院。

　　後來發現對商學院充滿興趣，但對商管學院科系之間的差異卻不甚了解，這段時間，我蒐集許多資訊、問過許多學長姐與老師，因為國企系系風活潑、多元，希望學生能展現自我等原因，加上自己也對策略、行銷等更有興趣，於是我選擇了國企系。其實國企系近幾年來分數也與財金系不相上下，最後的考量點，就僅在於何者是我真正有興趣、願意花四年時間鑽研它的事物。因此在選擇要申請的科系時，要先以自我了解為主，再作決定。

　　我能由中間排名一路進步，而成為聯合、中時、自由、蘋果四大報紙爭相採訪的對象，正是因為我「在瓶頸中找到力量」！

3

現在的平凡，
是為了以後的不平凡
葉定慧／醒吾高中→台大物治系／繁星計畫

　　從高二上我就開始思考未來的路該如何走，加上自己又是足球隊球員，這個選擇更顯得重要。到底是要繼續把重心放在球隊，還是要放在課業？到底哪個選擇比較適合我？如果不再踢球，會不會後悔？有很長的時間，我都不斷地思考這個問題。最後，選擇了課業，因為評估了目前在這兩方面的表現，發現自己在球技上似乎已經沒辦法再提升，而課業卻仍有很多的進步空間。這不是鼓勵所有球隊學弟妹跟我作一樣的決定，而是要根據自己的狀況審慎評估，並且對自己的決定負起責任來。

了解各升學管道優劣，妥善記錄規劃時間

　　我和大家一樣都是想要學測就考上，而且比起申請和指考，繁星可以讓我考上更好的大學。但是想歸想，相對賭注也十分的大，如果落榜，等於努力兩年的在校成績無法在未來的升學上有優勢，所以作最壞的打算也是十分重要的。換言之，選擇升學方式時要了解透徹並且對自己

負責，想清楚每個得失的機會，以及自己的優勢才能作出最適合自己的選擇。

我會善用某些課堂的時間，提前把老師上課的進度讀完，然後利用課堂的時間來看該科的講義，善用每個下課的時間；同時我會排讀書計畫，安排每天自己的進度，並且以國、英、數為主，其他科的時間會比較少。當然一開始排計畫時，也是遇到很多問題、很想放棄，不過那時因為吳迪老師在每週上課時給我建議，然後根據他的建議調整自己的計畫。陸續幾週之後，其實可以逐漸發現自己在每科花的時間分佈狀況為何，在安排計畫上也會更順利，每次所排的內容也可以順利達成，這樣就不會覺得排計畫很浪費時間，而且還可以知道自己每週的狀況，適時地做調整。

現在的平凡，是為了以後的不平凡

當時的我幾乎沒有任何娛樂，過著一個平凡到不能再平凡的日子。要完全避開誘惑是不可能的，但是有一個信念支持著我，還有周遭的朋友和老師們不斷地鼓勵我，以及吳迪老師每週的精神鼓勵與經驗分享，無形中都一直給我很多力量，至今還記得吳迪老師說過的一句話：「現在的平凡，是為了以後的不平凡。」

在過程中，我遇到了許多的瓶頸，甚至覺得自己連國立大學都考不上，對自己極度沒有自信，不知道為什麼而努力，感覺前途一片黑暗……等等。我甚至開始質疑當

時的選擇到底對不對──選擇放棄球隊這條路、走一條不同的路，這樣真的好嗎？

背負著這些壓力，我開始覺得身心疲乏，也常常對父母發牢騷，對事情的看法十分的悲觀。一段時間後，我想通了，其實想得越多，進步得越少，一直胡思亂想也無益於己，何不樂觀面對一切，努力盡力完成目前的事？雖然無法預知結果，至少我曾努力過，不愧對自己。

決定科系不要人云亦云，應多看資料

當時身邊朋友同學幾乎都是選商學院，似乎大家都一頭熱選擇商科，認為唯有學商才能大展鴻圖，我心想，真的是這樣嗎？當時父親問我一個很重要的問題：「妳真的知道商學院在唸什麼嗎？妳真的有興趣嗎？」

我反覆思考父親的問題，我是人云亦云地選擇熱門科系？還是真正去了解自己？後來，吳迪老師知道我的背景，他問我是否嘗試了解「物理治療」這個領域？他提供許多物理治療相關資料給我，開啟了我對這個領域的了解。

問了很多讀該科系的學長姐，發現這個科系和運動息息相關，而自己曾是個運動員，感覺符合自己的興趣，且因為當時我能選擇繁星推薦，參照去年的比序，發現物理治療系和商學院比起來，錄取機會更大，與父母和老師討論後，最後選擇了這個科系。

在填個人申請時，本來還有點猶豫，打算商學院與

物治系名額申請各半，但那時吳迪老師希望我考慮清楚，他說申請的校系中，如果有兩大類不一樣的科系，對於備審資料的準備和面試，就必須花兩倍的時間在這上面，而且不同科系準備的時間有限，就很難做到最好。於是仔細思考後，都填寫物治系，因為這個科系最適合自己，一個科系決定的是未來的出路，選擇所愛，讀書才會幸福！

　　我的高中或許不被看好，但不代表最終的結果注定要失敗。吳迪老師常鼓勵我，激起我唸書的動力，他教會我學會「堅持」才換來現在的幸福。

你想要的，是什麼？

林育安／師大附中→政大金融系／申請入學

4

升上高一時，就一直在想要讀哪一所大學？唸哪一類的科系？當時我無法確定自己未來的方向，一方面憧憬商學院，另一方面又很喜歡研究電子 3C 和車子有關的產品，直到高一結束，我仍然無法決定。

後來決定給自己一段時間嘗試，到底自己真正想唸的是什麼？左思右想，最主要的其實不外乎這兩個問題：

1. 唸了會不會後悔？
2. 它如果變成我的工作，我會不會覺得很痛苦？

第一個問題其實沒什麼差異性，我覺得不管是機械、資工還是商學院的科系，我都不會後悔。畢竟，這些內容都是我所喜歡的，相反地，甚至希望兼顧這些學科。

當興趣成為負擔，你是否還喜歡？

於是我開始想第二個問題，當它填滿我的生活、變成工作，甚至有時因為工作壓力大，我會不會厭惡它？於是開始嘗試找一些有關機械的文章，例如引擎的結構、零件差異等等的文章來看，我發現閱讀時容易不耐煩，甚至覺

得與想像有落差，裡面充斥了許許多多的物理和化學，突然覺得要以這個科系謀生，可能會非常痛苦。原來對我而言，只是單純喜歡駕車的樂趣，而非喜歡機械構造的原理。

再想想商學院呢？透過不間斷地閱讀商業雜誌，以及長期收看財經新聞後，發現這正是我想要的！了解企業的營運狀況、了解一國的經濟狀況、了解政府的貨幣政策會對市場造成哪些衝擊等等，雖然這些對高一學生可能過度艱深，在我看來充滿興趣，富含人文的思考是更加有趣的！

不要怕唸弱科，否則只會越來越弱

其實要保持科科兼顧真的很困難，因為每個人都有相對弱勢的科目，知道自己的弱勢就不要害怕，多去接觸它就對了。很多人因為逃避弱科，分數就退步的更多，產生無止盡的惡性循環。唯有及早準備，請教同學或師長，慢慢將差距補回來。當成績達到一定水平時，要維持穩定的狀況，其實就是要多練習題目。寫題目需要手感，沒有固定演練，單靠臨場反應，總會遺漏細節。與他人討論寫題目的方法、解題的要領，一來可以補足自己不會的地方，二來可以學習別人的技巧。

適時放鬆，多重目標

遇到唸書瓶頸時，發現自己無法負荷學習的壓力，有時候對於生活瑣事喜歡鑽牛角尖。當這個情況發生，我會到戶外散散心、打打球，不會強逼自己沒效率的唸書，

因為這樣唸下去只會往死胡同裡鑽，那倒不如花一點時間，讓自己身心舒緩一下，一方面降低自己的唸書壓力，另一方面乘機調整步伐，把不正確的作息時間或唸書方法做適度調整。

要保持動力其實就是要有目標，而且目標可以督促自己進步。長遠來看，就是要在學測或指考拿到好成績；短期而言，可以找幾個好朋友組成讀書夥伴，彼此間互相競爭，當別人進步時，就效法他努力追上，這樣可以產生良性競爭，彼此都容易進步。

對於時事的敏銳度，平常就要不斷訓練，學習才能廣博。多看新聞了解世界各地的人文風情，並在生活上用心體會，比方說，許多同學申請面試商學院的時候，就只簡單提到美國財政懸崖或者日幣貶值等等，卻不知道其背後的原因，只單就政策執行上不斷說明。如果能夠應用到日常生活上，那這些就不再單單只是書本上的理論，而是懂得如何去驗證方法，並且學以致用。

把理論融入生活，不要把寶都押在同一個地方

我在幫忙學弟妹準備面試的時候，發現很多人只準備了厚厚的一大疊理論，但是請他實際應用到生活上，卻不知道該如何說明。例如：他說了很多白努力定律方程式以及其理論內容，卻不會想要去研究 F1 賽車裡面 DRS 可變尾翼和白努力定律的關係（在直線道時將可變尾翼打開減少

下壓力的原理、入彎的時候關閉可變尾翼以增加下壓力過彎的原理等等）。雖然日常生活不常使用，但是在面試講解時應該將理論轉化為實際生活的例子，內容才會有深度。

部分同學在準備面試時，只會回答自己有興趣的內容，而且深度不足；或是準備的主題只有一個，當教授話鋒一轉，轉到其他問題時，就會手足無措，難以回答。例如：面試時，準備了日本安倍首相推行的日幣貶值政策，但問到美國的 QE 政策卻一問三不知，這就是一大致命傷，其實 QE 政策的影響並不只是美國本土匯率，它也影響著國與國間貿易匯差，美、日同為世界貿易大國，貨幣政策當然彼此影響甚鉅。所以準備一個面試主題時，必須連同其相關性的議題也有所了解，延伸推敲它影響所及，這樣就能夠從一個主題推理到其他主題。

與其聽聞，不如用心分析

很多人在選學校的時候，只會選「聽過的」，或是「有印象的」，沒有逐一認真去打聽或做功課，這樣是很危險的。選校系最重要的，是要看每間學校的重點發展校系為何強項。例如政大的商學院就是目前全台灣數一數二的商學院，如果要選有關會計、財金類的科系的時候，學校是否擁有較多資源是考量之一。在這個時候就要認真地考慮「選校」與「選系」的差別，要冷靜比較，思考除了校名以外真正學習到的內涵。如果選校，得到的是學校的盛名；如果選系，重視的是專業知識，如何取捨應考慮清楚。

人生，就是不停的戰鬥！

林裕庭／松山高中→交大電子系／申請入學

5

　　我在高二下學期便開始考慮升學的事情，因為高一在校成績不太好，利用繁星申請這個管道入學的可能性微乎其微。但我還是很想提前上大學，所以當時給自己一個目標：學測要考好，而且申請入學就要錄取！

越早放棄弱科，就等於越早放棄自己！

　　呼呼口號、作作夢很簡單，但在操作上，科科兼顧我認為其實滿難的，不過至少要先把弱科拉起來。吳迪老師改變我一個很重要的觀念：「如果你要拚學測，越早放棄弱科，就等於越早放棄自己！強科再強，也無法彌補你一整科都放棄所丟失的分數。」

　　舉例來說，國文及化學都是我不擅長的科目，因此我每天都會花時間讀國文及化學，雖然進步緩慢，但我不放棄，一定要將弱科追上。跟很多同學不一樣的是，我把課業看得很重，高一大半的時間都花在讀書，社團就只是掛名不太參與。升上高二後，發現其實每個人都會有自己專屬的一套讀書方式，找對方式就能事半功倍。

因此，高二相較於高一，我的讀書時間其實是減少的，但是成績卻有大大的進步，所以建議學弟妹，適度地參與社團，對學業認真負責，其實社團、課業是可以兼顧的。

多與人聊聊，度過讀書低潮

我是個求知慾及好勝心很強的人，每當遇到不會的問題時，都會問到底，一定要得出答案，加上朋友們成績都非常好，因為不服輸，簡直是拚了命在讀。當遇到瓶頸時，我多半會與媽媽及老師聊聊天，在過程中他們會幫我打氣，漸漸地也找回鬥志繼續加強。

印象最深的是在高二升高三那年暑假，我有感情的困擾。那時非常的自暴自棄，常常不唸書、到處玩，鬱鬱寡歡，覺得升學不是重心。當然，這樣任性的後果就是第一次模擬考大爆炸，差一點點連國立大學都沒了。跟吳迪老師聊過之後，學會調適心情方法與建立專心讀書的習慣。我的未來屬於我，我有責任創造屬於自己的美好未來，學會對自己的生命和成績用心，而考上好學校才是最後的勝利者！

立志他鄉，追求成長

我有一個比較特別的考量，嚮往大學的獨立生活，所以在選填志願時，首先去除掉台北的學校。一來在外就學，才能看到更多不同的世界，二來離開台北，獨立生活，

能認識來自不同城市、地區的人們。我相信大學四年之後，學習到的不只是專業科目，更能訓練自己獨立，讓父母安心。

學測六個志願中，都是自己喜歡的科系，我不會好高騖遠去填過度夢幻的志願，因此選填的志願大多是在我的落點分數附近。回顧高中這三年，我曾怠惰貪玩，也曾失落沉淪，這些沒有好好珍惜時間去努力學習的過程，在深刻反省後，最後一年我加倍把它讀回來，彌補了遺憾，完成我高中的使命。

讀書最重要的就是
「有心」！

高逸欣／松山高中→台大社工系／指定考科

6

　　我高一到高二上的成績都不是很好，大概在班上排名一半左右，一直以為並非自己不認真，而是同學們太厲害。直到高二第二次段考，考了班上倒數第七名後，才覺悟自己的讀書方法不夠扎實。於是我找了吳迪老師，和他討論讀書方法，當時我完全相信老師、完全跟著他的方法執行，果然在第三次段考，我慘不忍睹的數學竟然超過頂標，而且連帶著其他科目也一起爬升，班排名從三十一名躍升到十四名，之後的段考、模擬考就不曾跌出十名以外，不僅自己覺得是個奇蹟，連班上同學們也嘖嘖稱奇。

讀書沒有奇蹟，只有相信加上堅持

　　說實在的，我也沒有地獄式的苦讀，只是將該做的事情按部就班完成，尤其是最不擅長的數學，更是花了好多心思拯救它，例如自己限定時間寫完作業，講義重看重算，熟悉吳迪老師特有的綱架表，每次上完課把作業拿給老師看，跟他討論最近唸書的狀況。如果敬重一個老師，

一定會盡力完成他合理要求的進度，當你認真照做並看到成效後，那就代表你的唸書方法是踏實的，而老師的策略也是有用的，更是值得信賴。

我知道吳迪老師教的方法再厲害，學生聽了，要去實行才會進步。我想說的是：唸書最重要的，是要有心想去把它唸好，而不是應付了事，也需要有人從旁協助或陪伴，這樣才能持續保有拚勁。不論是找學校老師或者你的好朋友，只要能堅持下去，有向前的力量，那麼一定能有所進步，連態度都會因為真的付出過而成長不少。很幸運地在學習這條路上有最要好的朋友陪伴，高三時我們每天都一起留晚自習，覺得心情煩躁唸不下書時，會放自己一馬然後去走操場或者買飲料，這種簡單的放鬆就能使我們滿足，以更積極的心態去面對考試的壓力。

一定要唸課本

除了心態面的調適，讀書方式也是重點。在松山時聽過幾次學長姐的經驗分享，很多人說要認真讀課本，高一、高二的你可能會覺得：「課本一堆廢話為何要唸？」可是我要告訴你：文科一定要唸課本！而且要很熟！尤其是國文、地理、歷史，任何題目的觀念都會跟課本有所關聯！國文和歷史我只唸了課本和學校老師的講義，地理甚至只唸課本就拿了八十八分。課本廢話多，就是要讓你了解一個事件或一個現象的成因、脈絡與影響，如果只記條列式的重點，遇到題目時記憶會很零散，不但可能寫不出

答案，還會有「我明明記得有唸過，但怎麼想不起來」的懊悔產生，對考試當下的心情當然也會有所影響。

有好成績，才有選擇權

可能很多人和我一樣不知道自己的興趣在哪，和目標明確的同學相較之下，似乎少了一股衝勁，但我告訴自己：要有好成績才有選擇權，沒有成績，就只能等著被選擇，所以即使沒有特定目標，我還是非常認真唸書。

有時候我不知道自己要多努力才算足夠，更有可能是非常努力之後，卻發現自己還是差人一截。以我的例子來說，直到考完學測後的寒假，才發現我超級想上台大，雖然學測成績可以填上國立大學，但我還是選擇指考拚台大，拉長戰線給自己多一個機會，最後我考出一類組校排名前幾名的好成績，這是高一、高二從沒發生過的。

最後，我選擇了社工系，是因為我樂於助人，能夠以自己的力量讓別人過更好的生活是件多麼令人開心的事！我的心中也充滿正義感和熱忱，期望有更完善的社會福利制度，期望人們更懂得重視弱勢的權益，也學會尊重少數族群，不因他們的不同而歧視他們。

給學生們：這六位榜首故事的啟發

如果分享的榜首故事，是一路以來一直無風無雨、平步青雲地升學，那不是傳奇，是理所當然。如果這些榜首，曾經跟現在的你一樣在黑暗中摸索、在無助中求學，但能化悲憤為力量，將危機變轉機，最後登上至高無上的榮耀！這樣經歷過低潮後，達到人生的高峰，才是真正讓大家為之驚嘆的傳奇故事。那你的故事呢？你可以選擇繼續摸索無助，也可選擇發揮突破、革新的力量，相信你可以藉由閱讀這本書後，得到最強大的力量與策略！

破釜沉舟努力吧！一起寫下你的傳奇！

（註）以上學生皆達台大資格。

第五章

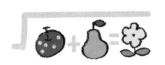

學習數學
的終極之道

　　數學，讓許多學生頭疼！每年大考，不論學測或指考，都是平均最低或是零分人數最多的科目。但是在我的想法裡，數學是最能培養邏輯的科目，將解數學題看成解謎遊戲，找對鑰匙就能開啟通往正解的門。簡單的題目，一把鑰匙就能輕鬆打開門；複雜的題目，就必須多用幾把鑰匙，幾經思索，腦力激盪後，得到解開謎題的成就感。動腦思考的過程最珍貴，多動腦思考，能讓腦袋更加活化，學數學確實是擁有智慧的捷徑！

　　數學與文科不同之處，在於數學概念就像落花生一樣生長，由一個基本定理開始，可以衍生各式不同的題目與解法，也能合併不同單元，組合成一個精采的題型，而且一層一層的概念會加深、加廣。而文科的學習就像是蘿蔔的生長一般，一個蘿蔔一個坑，可以擷取片段記憶，所以學習數學與文科的方式非常不同。

　　想要學好數學，我用大樹來舉例，數學的觀念是樹的根，有粗壯的根向下扎深，才能讓整棵樹好好生長。所以學習數學首重觀念理解，理解概念後，統整理解就會變成公式，熟記公式到反射，並且能理解其變換形式，根部吸收的水分會向上運送到莖，公式就是莖，最後連結到思考應用，一題一題的題目就是變化萬千的葉子。如果沒有穩固的根與輸送水分的莖，題目是沒有辦法解出來的！而練習解題的過程，會使思考變得更完整、全面，也就是葉子開始行光合作用（面對變化陌生的題目，也能迎刃而解），這樣學習數學之樹才是完整。

1

教學方式的比較

　　光是唸課本是無法讓學生聽懂的，公式必須要清楚解釋，尤其是高中數學會有許多未知符號的概念，教師都必須要講解清楚每個符號的意義並且推導公式，必要的時候，使用簡單的數字概念代入，讓學生可以理解後進而熟練公式。

　　而題型的變化也要在講解之中提出，讓學生在之後遇到題目變形時，能夠更快進入狀況，使解題時間縮減，如此一來寫數學題會更有自信。

	一般教學方式	靈活教學方式
方式	● 生硬的條例要求硬背。 ● 僅講解基礎公式套用。 ● 延伸題型不足。	● 多用比喻與簡單數字理解，幫助了解概念。 ● 當場解釋公式變化的模式。 ● 題型由淺入深，窺知題目的多元。
舉例	● 一般老師會請學生背起來下列公式，$\sin 2\theta = 2\sin\theta\cos\theta$ ● 讓學生自己套用、自己背。	● 在上課中，先使用簡單數字代入，以讓學生了解式子成立 $\sin 60°=2\sin 30°\cos 30°$，之後學生就能理解 $\sin 2\theta =2\sin\theta\cos\theta$ 而記憶。 ● 提醒學生 $\sin 2\theta =2\sin\theta\cos\theta$，可以變化為 $\sin\theta =2\sin\frac{\theta}{2}\cos\frac{\theta}{2}$ 或是其他形式 $\sin 2(\ )=2\sin(\ )\cos(\ )$

學數學的兩個腦──代數與幾何

2

數學基本分為代數與幾何兩個部分,下面就這兩大部分分析比較其重點。

代數	幾何
● 性質與公式要清楚理解。 ● 公式繁多,需要好的記憶方式,避免混淆。 ● 運算必須精確,log 小數位數、三角函數正負變號、多項式運算法則等變因需要注意。	● 觀念與圖形要清楚區分。 ● 基本名詞定義要清楚,幾何在二維平面與三維空間中變動要能想通。 ● 對於圖形的結構與性質搭配要能夠結合,空間的想像力必須靈活。

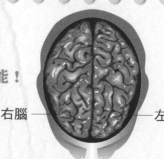

代數需要左腦的邏輯

幾何需要右腦的抽象

左右腦並進,全面提升腦適能!

右腦─────左腦

學習數學必經的四個階段 3

第一階段：理解授課內容

在課堂上就可以理解老師講解的概念，如此一來，就進入學習的第一殿堂。遇到好的老師，你就上天堂，上課花十分鐘聽懂可能比起回家自己摸索三十分鐘理解得還多，記得更牢。當你遇到好老師，請準備好體力專心聽課。

第二階段：演算基本題型

上課聽老師解題，能夠聽懂並解出答案，這並不稀奇，因為是跟隨著上課老師的思考脈絡與邏輯，所以課堂上的解題只是老師會，但是自己仍在學習的混沌當中，真的要測驗自己是否會解題，需要在課後練習，自行解題才能知道自己懂多少？是否有整理內化出自己的解題邏輯？

檢測方式──

1 順利解題	需要定期複習，以確認觀念清晰且記憶深刻。
2 無法順利解題	第一：觀念理解不清晰，盡快尋求老師協助。 第二：需要老師解題帶領，將重點題型反覆演練熟悉。

第三階段：問答解惑與自我摸索

解數學題，需要耐心去理解題目，找出關鍵字循著脈絡，將題目的包裝褪去，找到題目的核心，抓準要點切題。

當演算類似題目，無法順利解題時，分成以下兩種：

檢測方式──

1 題目敘述改變 誤以為是不同概念，其實換湯不換藥，需有人指導解惑。

2 計算過程凌亂或跳步 解題時應練習筆記工整，一如授課者所教。

第四階段：挑戰變化題型

數學是越學越深入的學問，以代數課程舉例，由基本已知數的加、減、乘、除，進入未知數的運算，未知數又演變成多項式，此概念與座標系結合變成圖形上面的點，及各種函數的相關判別，是循序漸進的延伸。經過前面三個階段，最後一步，就是必須訓練跨章節的題型，訓練思考與邏輯，能夠克服跨章節題型，思考數學變得全面性，越來越熟練，成為數學頂尖好手。

實例解說：打通「多項式的餘式定理」的任督二脈

題型一：

$f(x)=x^{15}-3x^2+5=(x-1)\times q(x)+r(x)$

被除式＝除式 × 商式 + 餘式→除法標準式

	中文解釋	算式演練
步驟一	令除式為零	x-1=0
步驟二	解出 x	解出 x=1
步驟三	代回原式	代回原式 f(1)=3
步驟四	其值為餘	其值為餘，得 3=r(1)，即為所求

題型二：

$x^{15}-3x^2+5=(x^2-1)\times q(x)+r(x)$

解法一

	中文解釋	算式演練
步驟一	令除式為零	$x^2-1=0$
步驟二	解出 x^2	解出 $x^2=1$
步驟三	代回原式	代回原式 $x^{15}-3x^2+5$ $=x(x^2)^7-3(x^2)+5$ $=x(1)-3(1)+5$
步驟四	化簡得餘式	其值為餘，得 x+2，即為所求

解法二

	中文解釋	算式演練
步驟一	令除式為零	$x^2-1=0$ 因式分解為 $(x-1)(x+1)=0$
步驟二	解出 x	解出 $x=1$ 或 -1
步驟三	代回原式	代回原式， 並設計餘式最高為一次式 $x^{15}-3x^2+5=(x^2-1) \times q(x)+(ax+b)$ $x=1$ 代入 $3=(0)\times q(1)+(a+b)$ $x=-1$ 代入 $1=(0)\times q(-1)+(-a+b)$ 解上述兩式聯立 ，得 a、b
步驟四	聯立解餘式	其值為餘，得 x+2，即為所求

題型三：

$$x^{15}-3x^2+5=(x^3-1) \times q(x)+ r(x)$$

解法

	中文解釋	算式演練
步驟一	令除式為零	$x^3-1=0$
步驟二	解出 x^3	解出 $x^3=1$
步驟三	代回原式	代回原式 $x^{15}-3x^2+5$ $=(x^3)^5-3x^2+5$ $=(1)^5-3x^2+5$
步驟四	聯立解餘式	其值為餘，得 $-3x^2+6$，即為所求

題型四：

$$x^4-3x^2+5=(x-1)^2 \times q(x)+ r(x)$$

解法：使用泰勒展開式

$$f(x)=x^4-3x^2+5=(x-1)^2 \times q(x)+ r(x)$$

```
1  +0  -3  +0  +5 │1
   +1  +1  -2  -2
1  +1  -2  -2 │3
   +1  +2  +0
1  +2  +0 │-2
   +1  +3
1  +3 │3
   +1
1 │4
```

得 3+(-2)(x-1)，即為所求

（註）本題亦可用長除法，直接求餘式。

題型五：

$x^{15}-3x^2+5=(x-1)^2 \times q(x)+r(x)$

解法：使用微分

$f(x)= x^{15}-3x^2+5=(x-1)^2 \times q(x)+r(x)$

令 $r(x)=a(x-1)+b$

用微分 $\begin{cases} b= f(1)= 1-3+5=3 \\ a=\dfrac{f'(1)}{1!}=\dfrac{9}{1!}=1 \quad \therefore r(x)=9(x-1)+3 \end{cases}$

「統整、分析」是王道！

由多項式餘式定理延伸的內容，可以明白數學的學習方式：

數學首重觀念清楚

正如實例說明所列，餘式定理是由除法標準式開始

的想法，當除式是一次式，使用餘式定理就可以快速解題，比起國中所學的長除法運算快速許多。

相似題型應比較異同（找出相同解法延伸與相異解法的使用時機）

　　當除式開始變為二次、三次式……時，需要思考求餘式的方法：

A. 長除、綜合除法

B. 設餘式，解未知數

C. 餘式定理，令除式 =0 代入

　　如何從 A、B、C 中挑選最快的解法，平時應將相似題型比較清楚，或藉由授課老師的功力建立解題邏輯，才能順利解題。

　　另外，無法使用餘式定理解出來的題目，如上列題型四，因為除式為完全平方式，所以，使用泰勒展開式或長除法求餘式；而題型五，由於被除式次數較高，使用長除、綜合除法需要大篇幅計算，使用進階微分的概念，就可以求出餘式。

題型對照後，重新複習避免混淆

　　將上述多項式求餘式的題目統整後，學習數學應該將觀念釐清、相似題比較清楚、重複溫習避免混淆，並在兩天後重看一次，重看時，應默想觀念與計算過程，利用口語表達，練習講出邏輯，可讓單元觀念牢記，這才是真正學會數學。

強化數學思考的四大步驟

當我們看到一道數學題目，會先循著過去的經驗解題，而思慮快速完整時，解題能更流暢。下列例子說明如何訓練平時對於題型的分析：

$x^{15}-3x^2+5=(x^2-1) \times q(x)+r(x)$，求餘式 $r(x)=$ ？

> Step1 遮住詳解，分析題目

圈出關鍵字「餘式」

> Step2 回憶過去解題經驗法則

學過「多項式，求餘式」方法，這類型題目解法有三種：
1. 長除、綜合除法
2. 設餘式，解未知數
3. 餘式定理，令除式 =0 代入

> Step3 選擇最佳解題方法

以餘式定理解題，較為快速
令 $x^2-1=0$ 代入

> Step4 腦中推演完整過程

在腦袋裡推演，心算得出餘式 $x+2$

（註）如步驟中，有觀念模糊或思考卡住的情形，應動筆計算或
　　　請教老師。

國家圖書館出版品預行編目資料

打造 5000 名臺大生的無敵學習法 / 吳迪作 . -- 初版 . --
臺北市：平安文化，2013.12
　面；　公分 . -- (平安叢書；第 432 種)(樂在學習；
11)
ISBN 978-957-803-890-5(平裝)

1. 學習方法 2. 讀書法

521.1　　　　　　　　　　　　　　　102023941

平安叢書第 0432 種

樂在學習 11

打造 5000 名台大生
的無敵學習法

作　　者—吳迪
發 行 人—平雲
出版發行—平安文化有限公司
　　　　　台北市敦化北路 120 巷 50 號
　　　　　電話◎ 02-27168888
　　　　　郵撥帳號◎ 18420815 號
　　　　　皇冠出版社 (香港) 有限公司
　　　　　香港上環文咸東街 50 號寶恒商業中心
　　　　　23 樓 2301-3 室
　　　　　電話◎ 2529-1778　傳真◎ 2527-0904
責任主編—龔橞甄
美術設計—王瓊瑤 ‧ 張瑩佩
著作完成日期— 2013 年
初版一刷日期— 2013 年 12 月
初版二刷日期— 2016 年 07 月
法律顧問—王惠光律師
有著作權 ‧ 翻印必究
如有破損或裝訂錯誤，請寄回本社更換
讀者服務傳真專線◎ 02-27150507
電腦編號◎ 520011
ISBN ◎ 978-957-803-890-5
Printed in Taiwan
本書定價◎新台幣 280 元 / 港幣 93 元

● 皇冠讀樂網：www.crown.com.tw
● 皇冠 Facebook：www.facebook.com/crownbook
● 小王子的編輯夢：crownbook.pixnet.net/blog